L'esprit de la cité

DES HOMMES QUI ONT FAIT LA FRANCE

Du même auteur

Idéal du prince et pouvoir royal en France à la fin du Moyen Âge (1380-1440). Étude de la littérature politique du temps, Picard, 1981 (épuisé).

L'Empire du roi. Idées et croyances politiques en France, XIIIe-XVe siècle, Gallimard, coll. « Bibliothèque des Histoires », 1993.

L'État de justice, I, *L'idéologie de la magistrature ancienne*, Gallimard, coll. « Bibliothèque des Histoires », 2009.

L'État de justice, II, *L'emprise contemporaine des juges*, Gallimard, coll. « Bibliothèque des Histoires », 2012.

L'Histoire du droit en France. Nouvelles tendances, nouveaux territoires, Classiques Garnier, 2014, ouvrage collectif dirigé avec Bernard d'Alteroche.

Dictionnaire historique des juristes français, XIIe-XXe siècle, PUF, 2015 (2e éd.), ouvrage collectif dirigé avec Patrick Arabeyre et Jean-Louis Halpérin.

Le Théâtre juridique. Une histoire de la construction du droit, Gallimard, coll. « Bibliothèque des Histoires », 2018.

Jacques Krynen

PHILIPPE LE BEL

LA PUISSANCE ET LA GRANDEUR

nrf

GALLIMARD

À Lydie

Avant-propos

Jusqu'à quand l'opinion continuera-t-elle d'adosser l'époque médiévale à la création du servage, au déchaînement des croisades, à la persécution des Juifs et à l'Inquisition ? Les mille années que dura le Moyen Âge figurent inébranlablement, entre Antiquité et Temps modernes, une sorte d'intermède sans génie, un interminable temps d'arrêt au développement des sociétés et au progrès humain.

Un historien de l'époque médiévale ne peut se résigner à ce que demeure la croyance qu'un nouveau monde s'ouvre avec François Ier, l'Hercule gaulois, l'ami des Arts, le protecteur des Lettres, et que la France ne devient vraiment la France qu'avec les premiers Bourbons et leurs très grands ministres. Notre pays est déjà avant Philippe le Bel le plus peuplé, le plus riche, le mieux gouverné et le mieux administré des royaumes d'Europe. Que doit la France, tout particulièrement, à Philippe IV le Bel ?

Nous ne proposons pas une histoire abrégée de ses vingt-neuf années de règne (1285-1314). Nous n'avons pas non plus jugé opportun de réexpliquer les faits habituellement présentés comme les plus emblématiques, l'attentat contre la personne du pape commis à Anagni, le terrible procès et la chute de l'ordre des templiers, la scandaleuse affaire de la tour de Nesle. Ce que ce livre veut avant tout montrer, c'est que sous l'autorité d'un roi encore médiéval a été opéré un modelage idéologico-politique de la France, une formidable œuvre, puisqu'en ont résulté chez nous de saillantes lignes de conduite du pouvoir jusqu'à l'époque contemporaine. Ainsi ce roi a-t-il sans aucun doute fait la France, précocement, durablement.

On ne trouvera pas dans les pages qui suivent un récit soucieux de chronologie et d'exhaustivité. En quelques chapitres nous nous sommes uniquement essayé à mettre en relief ce que le règne de Philippe le Bel a profondément configuré s'agissant de notre esprit national et de nos institutions politiques.

I

LA MAUVAISE RENOMMÉE

En liminaire, voyons combien l'image de ce monarque fut originellement biaisée et réductrice ; cela nous permettra ensuite de dresser un plus juste portrait.

Philippe le Bel gardera toujours une part de mystère. À la différence d'autres rois capétiens des derniers siècles du Moyen Âge, il n'a pas eu de compagnon pour fournir un récit de ses gestes, d'admiratrice pour lui consacrer un livre d'éloges, de serviteur ou de conseiller pour laisser des Mémoires politiques, ni même d'adversaire pour composer une histoire vengeresse de son règne : pas de Jean de Joinville, pas de Christine de Pisan, de Philippe de Commynes, de Thomas Basin... Ce roi n'a pas non plus laissé des *Enseignements* à l'intention de ses enfants, à l'exemple de Louis IX, et il n'a pas été conservé de lui, comme pour Louis XI, des milliers de lettres personnelles.

S'informer de l'image que Philippe le Bel laissa à ses contemporains suppose, parmi les divers témoignages, de considérer celui des *Grandes Chroniques de France*, élaborées à l'abbaye de Saint-Denis pour la plus grande gloire des Capétiens. La narration péjorative qu'elles font du règne de notre roi (1285-1314) ne laisse pas de surprendre.

Celle du règne de son père, Philippe III le Hardi (1270-1285), avait été introduite par une belle évocation de son sacre et une vibrante louange de ses vertus privées et publiques. Rien de tel pour le fils. Non seulement il n'est rien dit de son investiture, mais Philippe le Bel est pratiquement absent des dix premières années de son gouvernement. De l'an 1285 à l'an 1295, le personnage mis en avant est son frère, Charles de Valois, menant à son avantage personnel des plans de politique étrangère, ou bien conduisant les troupes contre Édouard d'Angleterre en Guyenne, puis contre Guy de Dampierre en Flandre. Le roi n'entre en scène qu'à l'an 1296, et encore de la plus mauvaise manière, en ordonnant la levée d'une « maltôte » (taxe sur les marchandises), puis d'un centième augmenté d'un cinquantième sur tous les biens des sujets, sans même excepter le clergé. Des qualités ne lui seront reconnues une première fois qu'à l'occasion de sa descente en Languedoc (hiver 1303-1304), où il se montre à ses récents sujets « libéral, large, favorable et benigne », une seconde fois pour sa vaillance à la bataille victorieuse de Mons-en-Pévèle (1304).

Avare de louanges, le moine chroniqueur ne se prive en revanche pas de mentionner la pendaison de vingt-huit Parisiens en répression d'une émeute dans la capitale (début 1307) et la « grande douleur » que le « menu peuple » en éprouva. Avec encore moins de fard, il souligne la honte ressentie dans la population quand le roi bat par trois fois en retraite, « non glorieux et sans honneur », « sans rien faire », après les expéditions d'Arras (1312), de Péronne (1313) et de Flandre (1314). Du reste, aucune de ses campagnes guerrières n'aurait procuré de tangibles bienfaits. À Mons-en-Pévèle, il venge, certes, l'effroyable désastre de Courtrai (11 juillet 1302), pour autant il n'acquiert pas la Flandre. Au sud du royaume, il se dépense beaucoup, mais sans parvenir à établir une autorité directe sur la Guyenne anglaise. Dans toutes ces guerres, écoutant de « très mauvais conseillers », il multiplie les taxes, dévalue répétitivement la monnaie, autant d'« exactions » qui, chaque fois, « grèvent moult le peuple ». Pas la moindre tentation chez le chroniqueur dionysien de présenter les assemblées qu'il convoque en période difficile comme des moments de communion. Les audaces de la politique royale le laissent froid. Mettre de l'ordre dans l'Inquisition, mater le pape Boniface VIII, faire mourir quelques dizaines de templiers puis contraindre Clément V à supprimer cet ordre militaire, aucune de ces rudes menées, platement relatées, ne trouve quelque justification sous la plume de ce religieux.

La fin dramatique du règne ? L'adultère des trois brus du roi (mai 1314), cet incroyable déshonneur pour la famille royale ? L'effroyable punition publique infligée à leurs jeunes amants ? La révolte (à l'automne) des barons du Nord et de l'Est, quand le royaume semble redevenir féodal ? Si les *Grandes Chroniques de France* surprennent en relatant sobrement de tels événements, elles n'en renforcent pas moins la tournure calamiteuse du règne en en poursuivant le récit politique, chose totalement inhabituelle dans ce type d'ouvrage, au-delà de la mort du souverain (29 novembre 1314). Sur plusieurs pages, en effet, nous est contée la chute d'Enguerran de Marigny. Ce principal ministre des années 1302-1314, qualifié de « coadjuteur du roi de France et gouverneur de tout le royaume », le moine chroniqueur l'avait déjà présenté en inspirateur des folles « exactions » et « maltôtes » ordonnées par le monarque. Cette fois, au lendemain de la disparition de son maître, rien ne nous est épargné de sa comparution et de son procès devant ses ennemis de la Cour. Sont même énumérés les quarante et un chefs d'accusation retenus contre lui. Comme s'il fallait noircir plus encore le personnage, sont également étalées les « diablies » de sa femme. Sous la plume du moine chroniqueur, la pendaison du ministre détesté aux plus hautes fourches du gibet de Montfaucon n'apparaît finalement que très juste.

Grand est le contraste avec les narrations des règnes précédents. Dans ces très officielles *Grandes Chroniques*, les obsèques de Philippe Auguste (1223) avaient été ornées d'un panégyrique complet, tant de sa personne que de ses exceptionnelles actions pour l'accroissement du royaume et des noblesses de la couronne. Au chapitre de la mort de Louis IX (1270), le rédacteur avait fait louange de son très sage gouvernement, pas seulement exalté ses très saintes vertus. Moins disert sur les derniers moments de Philippe III (1285), il avait tout de même clôturé le récit de son règne par cette appréciation somme toute favorable : « Ici prend fin l'histoire du bon roi Philippe fils de Saint Louis. » Or, rien de tel pour Philippe le Bel : « Ici prend fin l'histoire du roi Philippe le Bel. » Ce roi meurt, il n'est pas dit qu'il fut « bon », ni qu'il était petit-fils d'un authentique saint. Il est de manière plutôt inattendue conclusivement signalé qu'il fit faire à Paris, avec le soutien d'Enguerran de Marigny, « un neuf palais de merveilleuse et coûteuse œuvre, le plus très beau, si comme nous croyons, que onques nul si beau ne vit ». Ce qui n'est pas véritablement un éloge, et qui se trouve aussitôt suivi de la longue relation de la chute, en quelque sorte expiatoire, du tout-puissant ministre.

Nous verrons qu'entre l'abbaye dionysienne et Philippe le Bel les relations furent à plusieurs reprises orageuses. Ce qui peut expliquer la défaveur des *Grandes Chroniques* à l'endroit de ce roi. Disons pour l'instant que l'histoire officielle a ici traduit un sentiment répandu. Car si Philippe IV reçut de son vivant un chevaleresque surnom – il était vraiment beau, fort, grand de taille, blond et le teint pâle –, cela ne signifie pas qu'il ait été admiré. Dès le milieu du règne, réceptif à tous les on-dit, le poète-nouvelliste Geoffroy de Paris lui reprochait de chasser sans relâche, de se faire gruger par son entourage, de se laisser conseiller par des individus de basse extraction. À l'opposé de ses prédécesseurs Saint Louis et Philippe le Hardi qui, au royaume, « rien ne prirent, ni ne volèrent ni ne happèrent », Philippe IV, lui, « a tant taillé, tant pris, que jamais ne sera absous ». À ce genre de critiques le clergé joignit les siennes aussitôt Louis X le Hutin, son fils aîné, monté sur le trône : « Hé, roi Louis, pense à ton père. S'il eut l'Église en paix tenue, tant de maux ne fussent advenus… » L'opinion, portée à voir dans l'infortune des princes le châtiment de leurs fautes, attribuera la mort accidentelle de Philippe le Bel, puis aussi celle, terriblement prématurée, de ses trois fils – Louis X, Philippe V, Charles IV –, à la vengeance divine.

Aux XIVe et XVe siècles, rien n'a permis de redresser l'image de notre roi. La légitimité fragilisée des Valois, les désastres de Crécy et de Poitiers, la captivité de Jean le Bon, le soulèvement d'Étienne Marcel, la jacquerie et les révoltes urbaines, l'interminable conflit franco-anglais, l'occupation du territoire, les ravages de la peste, la guerre entre Armagnacs et Bourguignons, etc. : accablés par cet enchaînement de malheurs et de souffrances, les Français de la fin du Moyen Âge se sont de plus en plus tournés vers « l'heureux règne de monseigneur Saint Louis », l'idéalisant comme un temps d'équilibre, de paix, de justice, de prospérité. Dans la mémoire collective, Philippe le Bel va, lui, incarner le roi non seulement grand taxateur mais aussi « faux-monnayeur » (expression reprise à l'étranger par Dante, notamment). Peu à peu, les historiens développeront la vision qu'il a existé un « beau XIIIe siècle » jusqu'à ce que les manifestations brutales de son règne, précisément, n'annoncent des temps de longue dépression et de désolation.

Pour commencer de rectifier l'image de Philippe le Bel, il a fallu attendre Michelet. Dans son *Histoire de France* (1837), il l'a dépeint comme un prince prémachiavélien, moitié Renart moitié Ysengrin. Très enclin à flétrir le « nouveau monde » commençant « vers 1300 », « ce laid jeune monde » succédant au « vieux monde mourant », ardent à dénigrer « l'odieuse figure de Philippe le Bel », Michelet fit cependant œuvre pionnière en insistant avec force sur ce que le règne de ce monarque a introduit de « moderne » dans le domaine politique. Sans écarter l'image d'un prince calculateur, froid et brutal, d'autres grands historiens se sont ensuite demandé jusqu'à quel point il n'avait pas été l'homme de paille d'un entourage de conseillers fanatiques de l'autorité. Finalement, Jean Favier, dans son admirable *Philippe le Bel* (1978), a largement dissipé le halo d'incertitudes et d'ambiguïtés entourant ce monarque. À force d'exploration et d'interprétation des sources, de savants médiévistes ont encore récemment éclairé tel ou tel trait de caractère ayant pu guider sa conduite politique. Voyons cela dans un autre chapitre.

II

LES VISAGES DU ROI

Ce que de nos jours on aperçoit bien chez Philippe IV le Bel, c'est la symbiose d'une conscience extrêmement religieuse et d'une conception on ne peut plus élevée de la mission royale.

Petit-fils de Saint Louis

Avant de monter sur le trône à dix-sept ans, il a été formé aux disciplines élémentaires et au latin par un certain Guillaume d'Ercuis, dont il fera, devenu roi, un de ses plus proches notaires. Il a aussi, comme ses prédécesseurs, reçu une éducation plaçant au premier plan des devoirs de l'apprenti monarque la révérence en Dieu (*reverentia Dei*), nourrie à la lecture des livres saints, au suivi des offices, à la pratique de la prière et de la confession. Son autre précepteur fut le frère Laurent (Laurent d'Orléans), déjà confesseur de son père Philippe III. Ce dominicain est passé à la postérité en raison du livre qu'il avait composé sur les vices et les vertus, intitulé la *Somme le Roi*, spécialement destiné au jeune Philippe, qui allait connaître une vaste diffusion et que plusieurs siècles durant les précepteurs royaux recommanderont à leurs élèves. L'ouvrage est un commentaire en français des Dix Commandements, des huit Béatitudes, des articles du *Credo*, du *Pater*, des sept péchés mortels, des sept vertus et des sept dons du Saint-Esprit.

Derrière cette formation à la piété rigoureusement cléricale, il faut considérer l'atmosphère dans laquelle baigna le jeune Philippe. Il a grandi au milieu d'un « Hôtel du roi » où, depuis Saint Louis, son grand-père, le service de la chapelle avait été embelli de tous les apports architecturaux et décoratifs de l'art gothique à son apogée (que l'on songe simplement à la Sainte-Chapelle), et où, parallèlement, le personnel avait été renforcé. Le logement, la rétribution et les tâches de chacun s'y trouvaient bien ordonnés, le confesseur y était le premier dignitaire, avant les chapelains, le prédicateur, l'aumônier, eux-mêmes aidés de clercs et de valets. Le jeune Philippe grandit au dernier tiers du XIIIe siècle, lorsque l'architecture religieuse, la statuaire, l'art du vitrail poursuivent leur ascendante carrière, que les matériaux et techniques d'ornementation des reliquaires et des livres de dévotion personnelle deviennent somptueux. Le bréviaire que lui-même commanda entre 1290 et 1295, sur ses cinq cent soixante-dix-sept feuillets, témoigne d'un traitement pictural qui dépasse en raffinement tout ce qui avait été antérieurement exécuté dans l'enluminure : expression psychologique des personnages, aisance des attitudes, élégance des vêtements, modelé des visages, des chevelures et des barbes, naturalisme des éléments du paysage et de la végétation.

La piété et la dévotion précoces de Philippe le Bel ne font aucun doute. Il a suivi son père à la chapelle, il l'a vu se soumettre sincèrement au jeûne, à l'abstinence. L'a-t-il aussi observé exerçant le don miraculeusement conféré aux rois de France de guérir par simple imposition des mains les malades souffrant d'écrouelles ? Toujours est-il qu'à l'âge de dix-sept ans lui aussi devint thaumaturge, grâce au sacre de Reims, ce rite indispensable d'investiture, dont la grave et merveilleuse liturgie faisait passer de la condition d'héritier de la couronne à celle de ministre de Dieu, « oint du Seigneur ».

Comme toute la famille royale, comme une foule d'ecclésiastiques au royaume, comme certainement de très nombreux sujets, Philippe aura attendu avec une très vive impatience la canonisation de son grand-père, Louis IX, intervenue seulement en 1297. Ce n'est pas que les groupes de pression aient fait défaut auprès de la curie romaine, ni qu'un Grégoire X se soit montré défavorable. C'est la mort de celui-ci (1276) puis la succession de cinq papes en dix-huit ans qui retardèrent l'ouverture et l'avancement du procès en canonisation. Il revint finalement à Boniface VIII, deux ans et demi après son élection, en août 1297, d'élever Louis IX au rang de saint (bulle *Gloria, laus*). Cardinal, il s'était probablement persuadé de son bien-fondé en suivant de près le dossier. Pape, ses difficultés avec le roi de France n'avaient pas encore pris une dramatique tournure et il avait encore intérêt à maintenir de bonnes relations avec le Capétien.

Trois mois seulement après la canonisation de Louis IX, Philippe fait ériger à Poissy, ville natale et de baptême de son aïeul, un magnifique lieu de mémoire, une immense châsse de pierre. Le plan (reconstitué) de l'église Saint-Louis de Poissy évoque celui de l'abbatiale cistercienne de Royaumont que son grand-père avait fondée et particulièrement choyée. L'élévation de l'édifice et l'espace intérieur à deux niveaux font penser à d'autres églises bâties sous son règne, la Sainte-Chapelle au premier rang. La combinaison d'une nef à trois vaisseaux et d'un transept intégré à un chevet à cinq segments suggère que le maître maçon fut également influencé par le chœur de la cathédrale de Reims. À l'intérieur, les puissants piliers étaient constitués d'épais faisceaux, comme à Notre-Dame. L'exemple de la nécropole de Saint-Denis peut expliquer la concentration, dans les espaces auliques du transept et de la croisée, des statues de Saint Louis, de Marguerite de Provence et de leurs six enfants, plus tard le monument avec gisant de Philippe le Bel, lui-même ayant demandé que son cœur y fût enseveli. À l'extérieur, les remplages, gâbles, balustrades et pinacles correspondaient à la beauté et au faste d'un édifice royal par excellence. L'ensemble paraissait un chef-d'œuvre de robuste majesté et de grâce.

Saint-Louis de Poissy fut avec son monastère confié à l'ordre de saint Dominique – cent vingt moniales au départ –, ce qui manifestait la préférence du fondateur pour cet ordre religieux. Les dominicains fournissaient depuis 1248 le confesseur du roi. Louis IX en avait eu successivement trois, confidents très respectés et conseillers très écoutés en matière de dévotion et de doctrine. Mais aucun n'avait exercé d'influence sur son gouvernement. C'est un fait établi. Philippe le Bel, lui, ne craint pas l'immixtion de son confesseur dans telle ou telle affaire publique d'importance. Celui qu'il choisit en 1296, Nicolas de Fréauville, maître en théologie, en plus de se montrer fidèle directeur de conscience, lui témoigna un très loyal appui au cours des années de lutte contre le pape Boniface VIII. Promu cardinal (en 1305), il continua même de rendre d'importants services de nature politique, en lien avec Enguerran de Marigny, son cousin, dont il facilita probablement l'ascension politique. En 1314, à la mort du pape Clément V, le roi tentera d'intervenir auprès de plusieurs cardinaux pour faire élire son confesseur au trône de saint Pierre. En vain.

La vénération des reliques de Saint Louis prit chez notre roi de spectaculaires proportions. Le 25 août 1298, jour anniversaire de sa mort, en une grandiose cérémonie, il fit placer ses ossements dans une châsse sise au dos du maître-autel de l'abbaye de Saint-Denis. Sept ans plus tard, il obtint de Clément V le déplacement en sa chapelle privée de la plus noble partie de ces ossements insignes, autrement dit la tête, à l'exception de la mâchoire inférieure et des dents qui restèrent en la basilique dionysienne. La translation solennelle en la Sainte-Chapelle eut lieu le 17 mai 1306, le crâne déposé dans un somptueux reliquaire commandé dès 1299. Notre-Dame fut gratifiée d'une côte. Pour ce qu'il leur restait d'ossements, les moines de Saint-Denis firent confectionner un autre reliquaire, cérémonieusement installé en leur abbaye, en présence du roi. Au cours de ces années, Philippe le Bel avait nanti d'autres reliques de son aïeul les abbayes de Poissy, de Royaumont, de Pontoise, ainsi que les dominicains de Paris et de Reims. On sait aussi qu'il fit commande d'un reliquaire devant contenir un doigt de Saint Louis et une épine de la couronne du Christ, destiné au roi de Norvège qui avait fait construire sur l'île de Tysoën une église dédiée au saint roi de France.

Notons bien que l'abbaye de Saint-Denis, nécropole des rois mérovingiens, carolingiens et capétiens, n'a pas eu seulement à subir l'humiliation du transfert à la Sainte-Chapelle du crâne du saint roi. Une des toutes premières décisions de Philippe le Bel avait été de confier le cœur de son grand-père au couvent des dominicains de la rue Saint-Jacques. Cette division inédite du cœur et du corps d'un roi avait évidemment mis en rage les moines dionysiens, qui avaient sur-le-champ protesté avec l'aide d'un légat pontifical et de plusieurs prélats. À l'université même, de savantes disputes avaient aussitôt surgi sur le théologique bien-fondé de cette inhumation séparée du corps et du cœur du monarque.

Une telle décision s'expliquait. Dans la Bible, plus d'un millier d'occurrences font du cœur le réceptacle des qualités et des vertus, le siège de la sagesse et de la relation à Dieu. La spiritualisation de cet organe était aussi bien présente dans l'éducation à la piété que notre roi reçut du frère Laurent, lui-même dominicain, dont la *Somme le Roi* multipliait les références au cœur. Par ailleurs, tous les bons aristotéliciens contemporains, les philosophes comme les médecins, faisaient du cœur le membre le plus noble et le plus essentiel, créé avant tous les autres, principe vital du corps entier.

Les moines de Saint-Denis se virent infliger un autre affront intolérable quand Philippe le Bel modifia son propre testament. Alors qu'initialement il prévoyait l'enterrement de son corps entier en leur église, le roi décida en 1297 que son cœur, à l'instar de celui de son aïeul, reposerait à part, au couvent dominicain de la rue Saint-Jacques. Pour la première fois un roi de France exprimait officiellement la volonté d'avoir une double sépulture, brisant ainsi le privilège immémorial de la nécropole officielle d'abriter les corps royaux... dans leur intégrité. Philippe IV spoliait Saint-Denis !

Ce n'est pas tout. En 1311, l'incessante volonté de renforcer le culte dynastique autour de la personne de Saint Louis conduisit Philippe le Bel à modifier une fois de plus son testament afin que sa tombe de cœur fût fixée dans la priorale de Poissy, ce nouveau lieu de glorification royale, confié à l'ordre de saint Dominique. Trois ans plus tard, après sa mort accidentelle, son cœur y fut donc enterré, la nécropole dionysienne n'héritant seulement, pour la deuxième fois, que d'un corps royal fait d'ossements. Pour le plus grand malheur des moines dionysiens les rois de France ultérieurs imiteront cet exemple. On comprend le laconisme plein d'amertume des *Grandes Chroniques de France* lorsqu'elles relatent ces faits de sépulture séparée, et qu'elles concluent le récit du règne en refusant de reconnaître, à tout le moins, que ce Capétien fut « bon roy ».

Quand donc, en 1307, s'engage le terrible combat contre l'ordre du Temple, Philippe le Bel se trouve en pleine fièvre dévotionnelle. En plus de s'émerveiller des reliques de Saint Louis, on le voit s'adonner à des formes authentiques d'imitation de son aïeul, en réactivant une législation répressive du blasphème, en ordonnant l'expulsion des Juifs du royaume et la saisie de leurs biens. On le voit, extrêmement affecté par le décès (avril 1305) de son épouse, la très aimée Jeanne de Navarre, multiplier les jeûnes, les mortifications, les pèlerinages, les retraites, les dons et privilèges à toutes les sortes d'établissements religieux.

✧

L'hypertrophie pour ainsi dire ludovicienne de la piété de notre roi ne saurait être tenue pour secondaire parmi les mobiles l'ayant conduit à purger le royaume de l'ordre des templiers. Ce sont les rumeurs de grande dépravation des frères et des dignitaires du Temple qui provoquent en septembre-octobre 1307 sa décision de les faire arrêter tous et, l'ordre du Temple relevant de l'autorité du pape, de devancer une éventuelle et aléatoire enquête pontificale à leur encontre. Dans cette affaire, ce n'est pas la cupidité qui meut en premier lieu Philippe le Bel. Certes, le Temple était devenu une puissance financière, et le gouvernement souffrait du manque d'argent. Mais comment dénier au roi beaucoup de sincérité dans la sainte obligation ressentie par lui de réprimer les crimes horribles – offenses au Christ, hérésie, sodomie, idolâtrie – qu'on lui dit commis par des templiers, en plein cœur de la capitale, pas seulement dans le confort de leurs opulentes commanderies ? Commis par des moines-soldats en quelque sorte désœuvrés depuis la chute d'Acre et la disparition des États latins de Terre sainte, dont la tournure des mœurs faisait depuis des décennies l'objet de critiques ouvertes, et pas seulement en France ?

Quand éclate l'affaire du Temple, l'Inquisiteur de France est Guillaume de Paris, qui est également le confesseur du roi après avoir été son chapelain et le confesseur de ses enfants. À ce moment, l'influence et le rôle de ce dominicain, docteur en théologie, s'ajoutent indubitablement à l'influence et au rôle des deux grands orchestrateurs de l'affaire, Guillaume de Nogaret et Guillaume de Plaisians. Une fois les poursuites ordonnées, c'est Guillaume de Paris qui donne commission aux inquisiteurs locaux d'interroger les templiers, lui qui diligente la procédure d'exception (comportant la torture) juridiquement applicable (selon le droit canonique) aux frères du Temple de Paris et au grand maître Jacques de Molay. En plein accord durant toute l'affaire avec les deux ministres, seul à pénétrer l'âme religieuse du souverain, ce frère dominicain est peut-être celui qui a le plus entretenu le roi dans l'obsession de voir l'ordre du Temple disparaître. Après la mort de ce confesseur-inquisiteur en 1312, Philippe le Bel ne fléchira guère dans ses dévotions, ses jeûnes iront au-delà des prescriptions de l'Église, il portera un cilice. Au témoignage d'un recueil latin rapportant la vie de saint Denis et présentant un résumé de l'histoire de France, son nouveau confesseur, Renaud d'Aubigny, prieur de Poissy, lui administrait la discipline avec une petite chaîne de fer. De cet autre dominicain le roi fit son exécuteur testamentaire, le légataire de ses manteaux et le bénéficiaire d'une importante pension annuelle.

Ainsi, élevé pour devenir un souverain pieux, Philippe le Bel, en union avec ses confesseurs dominicains, a beaucoup agi en dévot fanatique. L'élévation de son grand-père au rang de saint explique sans aucun doute un tel comportement, mais on n'oubliera pas non plus qu'un roi capétien, depuis plus de deux siècles, « touchait les écrouelles ». Quand Philippe ceignit la couronne, la croyance au don de guérison du roi de France était partout ancrée. Partout l'on savait ce pouvoir thaumaturgique communiqué par l'onction du sacre, onction toute spéciale, l'archevêque de Reims usant du chrême contenu dans la sainte ampoule, cette petite fiole envoyée du ciel pour le baptême de Clovis. Notre roi a touché les écrouelles pour la première fois à l'âge de dix-sept ans. Quelle part de divin ce jeune monarque ressentait-il au plus profond de sa personne en imposant les mains ? Il est bien établi qu'il a pratiqué au cours du règne ce rite merveilleux avec plus de fréquence encore que ses prédécesseurs. Les malades s'agenouillant devant lui venaient de tous les coins du royaume, aussi d'Espagne et d'Italie.

L'élève de Gilles de Rome

Il faut maintenant évoquer sa préparation didactique au métier de souverain. Il l'a commencée sous la direction de Gilles de Rome, moine augustin, un des théologiens les plus réputés de l'université de Paris, plus tard surnommé en raison du grand nombre de ses livres « le Docteur très solide » (*Doctor fundatissimus*). Entre 1277 et 1279, le frère Gilles rédige à son intention un traité *De regimine principum* (« Du gouvernement des princes »). Dans le prologue, il se présente pleinement au service de l'héritier de la très sainte lignée (*sanctissima prosapia*) des rois de France, amicalement (*amicabiliter*) requis de composer un tel traité. Aucun ouvrage du genre, celui des « miroirs du prince », n'a connu plus rapide et plus large diffusion. Il fut aux XIVe et XVe siècles traduit ou adapté en français, en italien, en castillan, en catalan, en portugais, en anglais, en allemand, en suédois, en hébreu. Entre 1473 et 1617, il connut onze éditions. C'est sa facture, pas uniquement la variété des questions développées – en trois livres et deux cent neuf chapitres ! –, qui a fait son extraordinaire succès. Le *De regimine principum* est le produit d'un universitaire converti à l'aristotélisme chrétien, qui ne retient pour guide que la doctrine du Stagirite à la lumière des commentaires de saint Thomas. Ce traité témoigne tout au long d'une science politique conçue désormais comme rationnelle. Il est le premier miroir du prince à ne point porter la marque d'une culture monastique et littéraire rivée aux sources scripturaires et patristiques. C'est en « philosophe moral » que Gilles de Rome s'adresse à son royal élève, non en prédicateur. Il s'agit de préparer le futur monarque à gouverner selon la raison et la loi, *secundum rationem et legem* (prologue). Seul un homme d'intelligence peut maîtriser ses passions et diriger les autres. Soutenu par la connaissance des lois divines et des lois naturelles, instruit de toutes les disciplines intellectuelles, le monarque gardera pour règle le bien commun, tâchera de promouvoir en son royaume une éthique souveraine. Jamais un miroir du prince n'avait autant mis en relief la figure suréminente du *rex*. Cet homme qui dépasse tous les autres en puissance et dignité doit non seulement maîtriser les éléments de sa nature corporelle, mais être capable de transformer tous ses gestes en actes de sagesse. L'idée, venue des Pères de l'Église, d'un pouvoir considéré comme un pis-aller, puisque né de la Chute, est refoulée.

Et d'autant plus que le roi idéal n'est plus ici uniquement campé en arbitre de la paix et suprême justicier. Chargé du bien commun, le voici également législateur, « médiateur » entre la loi naturelle et la loi positive, « une sorte de loi vivante ». Comme son maître saint Thomas, Gilles de Rome affirme qu'il n'est pas bon d'excessivement légiférer mais que, tel le médecin qui par ses potions et soins veille à la santé du corps, il appartient au souverain, éclairé par des conseillers sages et expérimentés, de maintenir par des lois la paix et le bon état du royaume. Au titre des lois les plus nécessaires se trouvent celles qui doivent empêcher les violences nobiliaires. Le recours à la guerre ne peut être décidé que par le roi. Les guerres privées sont une mauvaise coutume, contraires à la raison, elles n'ont pas lieu d'être. Pour vider les querelles entre nobles il ne saurait y avoir d'autre issue que le règlement judiciaire. Le *De regimine principum* fait table rase des relations féodo-vassaliques, de la fidélité, des serments, de la réciprocité des engagements. La chevalerie n'apparaît qu'établie pour le bien commun du royaume. Aucune allusion n'est faite au service d'ost, qui limitait l'aide militaire des vassaux à quarante jours. C'est l'aspect technique des hostilités qui est mis en lumière pour l'apprenti monarque, futur stratège et savant tacticien : les procédés d'attaque et de défense, l'utilisation des armes nouvelles, le choix des hommes. La question est même posée de savoir qui est meilleur combattant : le vilain ou le gentilhomme ? Tout dépend de la nature de la bataille et, dans tous les cas, baillis et prévôts royaux doivent commander aux chevaliers. Comme s'il n'y avait désormais plus de guerre que celle du roi. Nous le verrons, ce sera précisément le message des ordonnances royales de paix en 1304, 1309 et 1311.

Le peuple ? Le seul passage où il en est spécifiquement question porte sur le devoir d'obéissance des sujets au roi. Ils doivent considérer non seulement que ce devoir est gage d'une existence paisible, mais que leur vraie liberté gît dans une manière de vivre qui n'en dérive point. Il ne suffit pas qu'ils se soumettent à ses lois. Ils lui doivent une adhésion véritable, un attachement qui aura été acquis dès l'enfance grâce à une bonne éducation parentale. Ici, le frère Gilles se distingue de son maître saint Thomas : on chercherait en vain dans le *De regimine principum* une théorie des droits de la communauté.

Quel profit Philippe le Bel retira-t-il de ce traité écrit pour sa formation morale et politique ? Qu'il l'ait lu et apprécié est chose sûre. Dans l'intention de le mettre à portée d'un large public, peut-être aussi de le faire lire à la table royale (chose que l'auteur avait souhaitée), il en commanda au début de son règne une traduction en langue vernaculaire, ce dont s'acquitta un chanoine liégeois, Henri de Gauchy. Cette traduction-adaptation (le *Livre du gouvernement des rois*) connut un réel succès en France et à l'étranger. Autre chose certaine est la proximité conservée par le roi avec son précepteur. Dans un acte émis en 1293, Philippe le Bel le qualifie de *familiaris*, ce qui indique leurs étroites relations, en tout cas jusqu'à ce qu'en 1295 Boniface VIII nomme le frère Gilles archevêque de Bourges, importante promotion dans laquelle, au demeurant, le roi aura pris grande part. Les livresques conseils de Gilles de Rome auront assurément contribué à ce mélange de hauteur, d'exigence et d'inflexibilité que l'on aperçoit dans son caractère de roi. Ils auront aussi forgé, en grande part, son tempérament politique vigoureusement transformateur.

Un prince chasseur, cultivé et bâtisseur

Dans l'appréciation de la personnalité de Philippe le Bel, et dans celle de sa conduite gouvernementale, le fait qu'il ne se soit jamais départi d'une très grande passion pour la chasse n'a pas plaidé en sa faveur. Quand il organise son propre hôtel, en janvier 1286, il installe six fauconniers, trois veneurs, un valet de vénerie et deux valets pour les chiens. Vingt ans plus tard, ce personnel compte un maître veneur et sept veneurs, un maître archer et six archers, dix valets de chiens et six valets de braques, six fauconniers et des valets de fauconnerie, auxquels s'ajoutent les valets des chevaux de chasse... Il y a une quarantaine d'années, un éminent connaisseur du Trésor des chartes (Robert-Henri Bautier) estimait que la plupart des nombreux déplacements du roi hors Paris ou Vincennes devaient être reliés à des expéditions de chasse dans l'une ou l'autre vaste forêt. Ainsi donnait-il créance au reproche souvent fait à ce roi par tel ou tel poète ou chroniqueur contemporain de ne faire que chasser. Au demeurant, ce même érudit observait l'apparition au milieu du règne d'un « sceau du secret », de cire rouge, sceau de substitution, de forme ronde (figurant un cerf courant), utilisé personnellement par le roi pour valider ses actes de là où il se trouve, et quand il n'a pas été accompagné du chancelier, détenteur du « grand sceau ». Quand il chasse, Philippe le Bel ne délaisse pas la direction du royaume.

À de rares exceptions près, comme celle de Louis IX, tous les rois ont chassé avec passion. Nonobstant les condamnations de l'Église qui n'y voyait que boucherie, chasser ne dérogeait pas à la fonction royale. Les chasses du roi attestaient sa maîtrise véritable de vastes étendues domaniales. En le montrant endurant cavalier, infatigable traqueur de cerfs, elles participaient aussi du spectacle politique, prouvaient sa capacité physique pleine et entière. Lorsqu'il chassait avec des oiseaux, le roi se montrait fin connaisseur de la nature et dompteur de ses œuvres. Songeons à Frédéric II Hohenstaufen, en plein XIIIe siècle, cet empereur infiniment imbu de sa majesté qui composa un traité scientifique sur l'élevage, les soins et le dressage des rapaces, un *De arte venandi cum avibus*, traduit dans la plupart des langues. Enfin, lors des campagnes de chasse, le dirigeant échappe à la présence ecclésiastique. C'est l'occasion d'évoquer les affaires les moins courantes, les plus secrètes. Rien ne peut donc laisser imaginer que Philippe le Bel a perdu du temps politique en s'adonnant si fréquemment à la chasse. D'autres importants souverains, grands chefs d'État comme Louis XI, lequel dormait avec ses chiens, seront au moins aussi obsédés que lui par cette activité.

Chasseur invétéré, Philippe IV a évolué au sein d'un entourage gouvernemental où dominaient les gens de savoir, formés à la théologie ou au droit, mais aussi épris de littérature et d'histoire. Certains des secrétaires qu'il sélectionna à la Chancellerie pour ses actes et écritures personnels ont composé des romans d'aventures, des poèmes et des chansons notées. L'un des principaux, nanti du titre de protonotaire de France, Geoffroy du Plessis, reçut une rémunération du roi pour avoir écrit un livre *super historiam beati Ludovici.* À part la vie de son grand-père, Philippe le Bel fut-il féru de l'histoire monarchique ? Peu après le sacre, Guillaume de Nangis, le plus important historiographe contemporain, lui avait dédié une *Chronique* latine abrégée des rois de France. Ce même Guillaume de Nangis modifia ensuite sa *Chronique* latine universelle pour satisfaire à la demande même de notre roi d'établir une parenté directe entre Carolingiens et Capétiens. On sait également qu'il possédait, donné par son confesseur Guillaume de Paris, un exemplaire de l'imposant *Miroir historial* de Vincent de Beauvais. Et qu'en 1313-1314 il commanda une *Vita* de saint Denis, dont s'acquitta le frère Yves, moine de Saint-Denis, en mettant en liaison le culte du saint avec l'histoire du royaume.

La culture de Philippe le Bel ? Elle fut certainement plus étendue que celle de ses prédécesseurs et elle ne se limita pas à un réel attrait pour l'histoire. À Jean de Meung, auteur de la seconde partie du *Roman de la Rose*, il commanda une traduction en prose de la *Consolation de philosophie* de Boèce. Ce célèbre dialogue en cinq livres, héritier de la pensée antique, essentiel depuis des siècles à la culture des clercs du Moyen Âge, roulait sur les rapports du libre arbitre et du destin. On n'oubliera pas non plus que Philippe le Bel fit bon accueil au franciscain catalan Raymond Lulle venu plusieurs fois à Paris pour combattre l'averroïsme montant à l'université et pour faire connaître ses projets pour la conversion des infidèles. Cet immense savant et grand mystique avait été précepteur de Jacques II de Majorque, oncle de notre roi. Il l'entretint une première fois de ses plans en 1287-1289 et lui offrit son *Livre des merveilles*, le plus romanesque de ses ouvrages. En 1298, au cours d'un deuxième séjour dans la capitale, il fit don au couple royal de son *Arbre de philosophie d'amour*, où il proposait une autre manière de rendre agréable la science philosophique aux écoliers. En 1310, il dédia à Philippe son livre des douze principes de philosophie (*Duodecim principia philosophiae*), dont un passage réclame son appui contre les averroïstes. Peu après, le roi écrivit au chancelier de l'université pour que les écrits théologico-philosophiques de Lulle, « dignes de l'estime des fidèles catholiques du royaume », soient déclarés conformes à la doctrine. Vers la Noël 1311, de nouveau à Paris pour justifier ses plans après la chute des templiers, Raymond Lulle lui offrit son *Liber de natali pueri parvuli Iesu* avec cette dédicace : « Au plus glorieux, illustrissime et magnifique seigneur Philippe digne d'être vénéré avec le plus sincère amour ». Il s'agit d'un livre d'adoration et de louange à l'Enfant divin dont le berceau doit revenir entre des mains chrétiennes. Tous ces ouvrages, Lulle n'aurait certainement pas pensé les déposer entre les mains d'un roi n'aimant que lâcher ses faucons et poursuivre les cerfs.

Une des idées chères à ce fascinant franciscain était la fondation de collèges pour enseigner l'arabe et l'hébreu aux futurs prédicateurs chargés de convertir pacifiquement les infidèles. Une miniature d'un manuscrit du XIVe siècle le montre offrant à Jeanne de Navarre, épouse de notre roi, sa *Doctrine d'enfant*, ouvrage rédigé en catalan, traduit presque aussitôt en français. Cette reine qui avait indubitablement le goût des lettres se souciait de diffusion du savoir. Dans son testament (1305), elle conçut dans tous ses détails (matériels, statutaires, fonctionnels) l'institution au sein de l'université de Paris d'un collège qui n'abriterait pas seulement des étudiants pauvres, mais serait un établissement d'enseignement (de la grammaire, des arts et de la théologie). Son très novateur projet de « maison des écoliers » prit corps avec la construction du Collège de Navarre (première pierre en 1309), lequel pouvait accueillir soixante-dix boursiers. Après des années de mauvais fonctionnement, il devint sous Charles V et Charles VI le plus prestigieux des collèges de la capitale, le lieu de formation des futurs dirigeants de l'université et du haut personnel de l'Église, mais aussi, plus encore, de l'État royal (chapelains, confesseurs, aumôniers, précepteurs, conseillers, secrétaires).

✧

Il est difficile d'imaginer un monarque à la foi ardente, habité par la figure exceptionnelle de son grand-père, un homme si fortement instruit de son métier de roi, connaisseur de la geste capétienne, accueillant aux savants, époux d'une femme cultivée, un prince habile et persévérant comme tout grand chasseur, il est difficile d'imaginer un tel monarque abandonnant la direction des affaires à l'un ou l'autre ministre, favori du moment, et à une batterie de conseillers bien choisis. Certes, Philippe le Bel parlait peu, l'homme étant plutôt secret. Mais attendait-on du roi de France de la familiarité ? Ce n'était pas le souhait de Gilles de Rome dans son manuel de gouvernement. Encore ne peut-on résumer la contenance de notre Capétien à de la froideur. Si roi de marbre il se montra souvent, ce fut en présence d'adversaires, non point en toutes circonstances.

À la Pentecôte de 1313, avec spectacles vivants, musiques, banquets et fontaines de vin, Paris fêta une semaine durant la chevalerie (célébrée à Notre-Dame) des trois fils de notre roi, de son neveu Philippe de Valois et de son cousin Robert d'Artois. Dans la capitale encourtinée de tapisseries, pavoisée de draps de couleur, des milliers de torches avaient été allumées en plein jour pour un plus grand air de fête. Un pont flottant avait été spécialement bâti pour relier Notre-Dame au palais de la Cité, permettant au peuple de venir saluer le roi et les siens, en un interminable cortège. Quel bourgeois n'aura alors éprouvé quelque amour pour ce Philippe IV, au beau visage, souriant, juché sur une simple estrade ?

Ce Palais venait d'être inauguré. Notre roi l'avait fait ériger à la pointe occidentale de l'île de la Cité, sur l'ancien emplacement du palais du XIIe siècle, très exigu et laissé inachevé, un palais qui fut aussi, en plus du logis du roi et de sa Sainte-Chapelle, le lieu de fixation des institutions centrales, Parlement, Chambre des comptes, Chancellerie et archives. L'immense grand-salle du palais de la Cité, la plus vaste d'Europe, constituait l'antichambre du Parlement. Dotée d'une extraordinaire table de marbre noir, elle pouvait abriter les festins officiels où se montrait le roi, comportait un programme architectural et sculpté exceptionnel, avec les statues des rois de France accrochées à la ligne centrale des piliers et aux pilastres des murs. À l'extérieur de cet espace en quelque sorte sacré, la grand-cour offrait un théâtre de plein air pour les proclamations royales, les spectacles civils et judiciaires. Au-dessus du portail de la galerie des Merciers figurait l'effigie de Philippe le Bel, avec Enguerran de Marigny et un troisième personnage (non identifié) agenouillés. Sur le portail de la grand-salle trônaient la Vierge et l'Enfant. Bien des éléments de l'ensemble signalent des emprunts à la résidence impériale d'Aix-la-Chapelle, d'autres, peut-être, au palais pontifical du Latran. On alla jusqu'au Danemark se procurer des marbres. Le jardin installé tout à la pointe de l'île pour la tranquillité du roi évoquait lui aussi les résidences impériales du passé. Visiblement arrimé à la tradition antique et romaine, le palais de la Cité vint signifier le plus hautement qui fût la puissance de la royauté capétienne, l'incomparable grandeur de la couronne de France. Il y a de bonnes raisons de penser que notre roi a veillé d'aussi près à cette importante commande architecturale et artistique qu'à celle de Poissy.

La question essentielle aujourd'hui n'est plus celle du degré d'implication et de responsabilité de Philippe le Bel dans les affaires du royaume. Nous pensons, après Jean Favier et comme la plupart des spécialistes actuels, qu'il fut sans conteste élevé. C'est l'importance capitale de son règne dans notre histoire politique et idéologique qui importe. Michelet, qui n'aimait guère le personnage, a été bien inspiré d'affirmer, gravement : « Que Philippe le Bel ait été ou non un méchant homme ou un mauvais roi, on ne peut méconnaître en son règne la grande ère de l'ordre civil en France, la fondation de la monarchie moderne. » C'est cette affirmation que les historiens n'ont cessé de creuser.

Nous allons maintenant expliquer, successivement, que ce règne a accru la puissance de ce que de nos jours on appelle l'État. Que cette transformation fut l'œuvre d'un personnel dirigeant renouvelé, porteur d'un savoir politique appris à l'université. Qu'avec des juristes principalement aux commandes la monarchie française opta définitivement pour un absolutisme de principe. Qu'indissociablement une forme de surchristianisation de la dynastie capétienne est venue légitimer le processus de complet assujettissement temporel de l'Église et du clergé. Que ce règne marque en somme un temps de constructions institutionnelles, intellectuelles, spirituelles, qui dessinent la personnalité d'une France supérieure et dominatrice.

III

LA PHYSIONOMIE DE L'ÉTAT

L'État est cette entité politique constituée d'un territoire et d'une population sous l'autorité essentiellement justicière, militaire, monétaire et fiscale d'un pouvoir souverain. En français le mot « État », de provenance italienne (*lo Stato*), ne se répand employé seul et avec une majuscule qu'au XVIe siècle, il ne devient d'usage courant qu'au siècle suivant. Mais la chose a précédé le mot.

Chez nous, en France, la chose commence à prendre forme autour des années 1200 du fait de la grande stabilité du pouvoir capétien, fondé sur la transmission héréditaire. On peut dire qu'un État moderne, dans ses structures, ses modes de gouvernement et ses principes fondamentaux, est déjà en place trois siècles plus tard, au sortir de la guerre de Cent Ans. Il nous faut montrer ce qu'au cours de cette genèse médiévale de l'État le règne spécifique de Philippe le Bel a imprimé de durable, ou même d'irréversible.

La dilatation du domaine

C'est au sein d'un royaume des Francs (*regnum Francorum*) complètement féodalisé que les Capétiens ont tout d'abord régné. Deux siècles durant, ils n'ont disposé que d'un étroit domaine, entre Senlis et Orléans. Le changement se produisit avec Philippe II Auguste (1180-1223) qui en décupla l'étendue par la conquête de la Normandie, du Maine, de l'Anjou et du Poitou, par l'acquisition du Valois, du Ponthieu, de la Champagne, d'une bonne partie du Vermandois, de la Touraine, de l'Auvergne. La domination capétienne s'accrut encore considérablement avec l'annexion du vaste Midi languedocien, engagée par son successeur Louis VIII (1223-1226), poursuivie sous Louis IX (1226-1270), devenue définitive en 1271.

Cette formidable expansion territoriale entraîna sans attendre un renforcement des organes centraux (Chancellerie, Trésor), la création d'une administration pour la défense locale des droits du roi (baillis et sénéchaux), de nouvelles techniques de gestion comptables et une activité juridictionnelle accrue. Malgré les révoltes seigneuriales, les résistances diverses, les compromis, les reculades, les institutions et les méthodes du jeune État royal progressèrent durant le long règne de Louis IX (1226-1270). L'Hôtel du roi (le service domestique) devint bien détaché de la Cour du roi (organe du gouvernement). Une cour souveraine de justice peuplée de juges professionnels fut mise en place (le Parlement). Des commissions des comptes formées de spécialistes siégeaient à périodes régulières. En province, baillis, sénéchaux, prévôts, viguiers, bayles formèrent déjà un corps d'officiers permanents (*officiarii regis*) au service de la chose publique du royaume (*res publica regni*), et sur cette fonction publique naissante une déontologie spécifique commença à s'appliquer. Sous Philippe le Hardi (1270-1285), courageux combattant sinon habile monarque, la machine de l'État continue de tourner. Ses expéditions contre le comte de Foix, contre la Castille, la Navarre, l'Aragon, sont des échecs, il s'éteint piteusement à Perpignan parmi les débris de son armée, mais son règne, jalonné de nombreuses convocations militaires et de levées d'argent considérables, anticipe celui de son fils.

Ce n'est donc pas Philippe le Bel qui fait sortir la France de la féodalité et met en place les premiers rouages d'un État moderne. La mutation avait commencé avec son trisaïeul Philippe Auguste et Saint Louis son grand-père. Quand, en 1285, notre roi ceint la couronne, le royaume n'est plus celui des Francs, il est devenu celui de France (*regnum Franciae*). Le Capétien entend de plus en plus exercer son autorité sur un territoire, non sur des feudataires, une autorité abstraite et non plus personnelle, une autorité de principe qui est censée, chez tous les sujets, postuler l'obéissance. Son royaume, le plus peuplé et le plus riche d'Europe, est déjà fortement administré en chacune de ses parties. Philippe le Bel sera un continuateur.

Mais pas n'importe lequel. Au cours de ses vingt-neuf années de règne, tout se développe et tout s'intensifie. Lui aussi se montre grand unificateur de territoires. Son mariage en 1284 avec Jeanne de Navarre lui a apporté la possession de la Basse-Navarre et la propriété du comté de Champagne et de Brie, un des plus grands fiefs du royaume (cinquante-quatre châtellenies et prévôtés). Ensuite, par le jeu des confiscations féodales, de la négociation diplomatique ou même par achats, il fait entrer dans le domaine royal le comté de Chartres (1286), la seigneurie de Beaugency et le comté de Bigorre (1292), la seigneurie de Montpellier (1293), les comtés de la Marche et d'Angoulême (après 1303), les châtellenies de Lille, de Douai et de Béthune (1305), la vicomté de Soule (1306). En 1307, il conclut les trois plus importants paréages passés sous son règne. Ce sont des actes d'association faisant du roi le coseigneur d'un évêque sur toutes ses possessions et ses droits temporels. Ainsi avec l'évêque de Mende, jusque-là suzerain de la presque totalité du Gévaudan, avec l'évêque du Puy, suzerain du Velay, avec l'évêque de Cahors, comte de sa ville épiscopale. À ces accroissements domaniaux viennent s'ajouter d'importantes poussées sur la frontière orientale, depuis les rives de l'Escaut jusqu'aux bords du Rhône (Valenciennes, Lyon, le Vivarais notamment), ce qui étend les limites de la France du côté de l'Empire. Tout cela démontre une volonté de territorialisation cohérente de la souveraineté, comme si le gouvernement royal et son administration ne toléraient plus la fragmentation géographique. Les apanages, ces terres concédées aux princes du sang ? Pas plus que son père ou son aïeul, Philippe le Bel ne paraît disposé à apanager avec excès. Et il est le premier roi de France à décréter la masculinité perpétuelle d'un apanage (celui de Poitiers), donc à prévoir leur retour à la couronne en cas d'absence d'héritier mâle.

Le problème de l'argent

Régner sur un territoire devenu aussi vaste coûte cher. Un souverain médiéval doit être généreux avec les siens et sa Cour. Rien qu'à l'Hôtel du roi, entre les différents services de la chambre, de la cuisine, de la chapelle, œuvrent trois cents personnes, plus de cent à celui de la reine. Nourrir, vêtir, gager cet entourage coûte entre cent et deux cent mille livres par an.

Il faut par ailleurs pourvoir de pensions et de rentes tous les petits ou grands barons qui ont changé de maître. Il faut évidemment aussi salarier le personnel grossissant de l'État. À la Chancellerie, le nombre des notaires-secrétaires passe de dix à trente. Plusieurs dizaines de « maîtres » ont été recrutés au Parlement où une division du travail s'est esquissée entre ceux qui reçoivent les requêtes, ceux qui vaquent aux enquêtes et ceux qui jugent. Au sein de ce que l'on va appeler bientôt la Chambre des comptes, d'autres « maîtres » jugent la comptabilité des agents de l'administration locale, laquelle a doublé de volume : auprès des baillis et sénéchaux (une trentaine) s'activent des lieutenants, des juges, des procureurs et des avocats du roi, des sergents, des receveurs, des capitaines. Aux gages de plusieurs milliers de fonctionnaires s'ajoutent les frais de fonctionnement. Enfin, il faut financer la guerre et la diplomatie. C'est le plus ruineux. Le royaume est en état de guerre de 1294 à 1304. Rien que pour la campagne de Gascogne, en 1294-1295, plus de deux millions de livres sont dépensées. En temps de paix, la moindre garnison de frontière suppose cinq cents livres d'entretien. Quant aux alliances, elles s'achètent à coup de rentes, de fiefs-rentes et de pensions. Il en coûte au Trésor plusieurs millions de livres l'an.

L'argent est la condition d'existence de l'État royal en pleine croissance, en trouver est la préoccupation première. Le roi ne peut plus « vivre du sien ». Ce ne sont pas les revenus traditionnels du domaine (pas plus de quatre cent cinquante livres au début du règne) qui peuvent couvrir les dépenses. Tout est mis en œuvre. Les décimes levées sur le clergé au prétexte fallacieux de croisade sont multipliées (vingt-quatre décimes en vingt-neuf ans). De plus en plus de marchandises sont interdites d'exportation et une première organisation des droits de douane apparaît. Les Juifs sont taxés sans retenue. En 1306, comme on l'a vu, leurs biens sont saisis et ils sont expulsés du royaume. Avec plus de fréquence et de vigueur encore que ses prédécesseurs, Philippe le Bel emprunte auprès de banquiers-financiers italiens, ponctionne les revenus des « Lombards », obtient de certaines villes qu'elles lui prêtent des sommes importantes, leurs édiles sachant fort minces les chances de remboursement.

Procéder avec plus de dureté et d'ampleur que ses prédécesseurs n'est pas suffisant. Il faut encore innover. La nouveauté ne va pas consister dans les manipulations de la monnaie royale mais dans la répétition des dévaluations, six entre 1295 et 1311, ce qui révulse d'autant plus que durant ces années une fiscalité directe et obligatoire est mise en place.

C'est le principe de l'impôt payable par tous qui est établi. Auparavant, régie par la coutume féodale, l'aide financière due au roi par ses vassaux était limitée à quatre cas exceptionnels : mariage de la fille, chevalerie du fils aîné, croisade, rançon. Le droit féodal ne reconnaissait en outre au suzerain suprême aucune prérogative, y compris militaire, à l'encontre de ses arrière-vassaux. Lorsque le Capétien voulait convoquer des troupes ou demander de l'argent, il ne pouvait donc le faire que via ses immédiats feudataires. À chaque fois, l'effort contributif se répercutait sur les populations urbaines et les communautés d'habitants, tenues par le seigneur de prêter leur concours par un rachat du service armé ou l'acceptation d'une nouvelle taille. Ce n'est pas la moindre audace de Philippe le Bel que de réclamer dans un premier temps le service armé à l'ensemble des feudataires, qu'ils soient ou non vassaux directs de la couronne, le « ban du roi » ; puis, à partir de 1302 (désastre de Courtrai), de prétendre convoquer tous les hommes non nobles en état de porter les armes (« l'arrière-ban »), quel que soit leur seigneur. Ainsi apparaît le principe de l'universalité du service militaire. Cette proclamation de l'arrière-ban se traduit le plus souvent par la levée d'une nouvelle taxe, mais il est des cas où elle entraîne la mobilisation de milliers d'habitants des communautés urbaines et rurales.

Dans d'autres circonstances, avec autant d'insistance que d'habileté, Philippe le Bel obtient le consentement de grands feudataires ou d'assemblées de nobles pour imposer directement leurs tenanciers. Ce procédé commence en 1294 dans les sénéchaussées du Midi. En 1296, il est généralisé et alourdi. Tous les habitants du royaume, excepté les nobles, doivent s'acquitter du fait de la guerre d'une contribution égale à un pour cent de la valeur de leurs biens immeubles. Les grands barons ne sont pas perdants ; le duc de Bourgogne, par exemple, est autorisé à prélever la moitié de la somme perçue. La même année, probablement en échange de larges abandons de recette, l'avis favorable de quelques prélats et barons incite le roi à transformer cet impôt du centième en impôt du cinquantième. L'année suivante, l'alliance du comte de Flandre avec le roi d'Angleterre le pousse à établir un nouveau cinquantième. Quand, en 1300, il est envisagé d'occuper la Flandre, un troisième cinquantième est levé. En 1302-1303, la révolte de Bruges et le soulèvement des villes flamandes contraignent le roi à réunir une nouvelle armée. Selon les moments et les catégories sociales, on taxe soit le revenu foncier, soit le capital mobilier. Après 1304 est établie une contribution par feu, premier pas vers le fouage, dans le Midi d'abord, puis dans le Nord.

Ces successives levées d'argent n'ont pu être décidées et conduites qu'en multipliant les marchandages, les exceptions, les contreparties, les fausses promesses, les concessions et les ruses. Obtenir un consentement suffisamment large a également obligé Philippe le Bel à multiplier les assemblées locales de nobles et de bourgeois : des commissaires le représentaient mais lui-même les présidait à l'occasion, comme en Languedoc en 1303-1304. Il en est résulté une fiscalité géographiquement plurale, variable dans son assiette et imprévisible dans ses rendements. L'opportunité de chaque levée était discutée, le taux négocié, les modalités de la levée aussi. C'est ainsi, la reconnaissance des besoins financiers de l'État n'allant évidemment pas de soi, que l'argent finit par entrer dans les caisses.

✧

Ce qui, en définitive, se trouve assuré en très peu d'années, c'est le droit du roi de ponctionner les revenus ou les biens face à l'évidente nécessité de défendre le royaume. La fin du règne est à cet égard significative. Pour décider une nouvelle levée, s'épargner les difficultés habituelles, le roi convoque à Paris une assemblée représentative du pays. Il l'avait fait en 1302-1303 en plein conflit avec Boniface VIII, encore en 1308 à propos des templiers. Ce 1er août 1314, des évêques, des barons et des députés des villes sont ainsi réunis au palais de la Cité. On n'y discute pas et on n'y vote guère. Les *Grandes Chroniques de France* en ont retracé la mise en scène. Du haut d'une estrade où figurent le roi, des nobles et des prélats, Enguerran de Marigny s'adresse au « peuple ». Le ministre explique les raisons de la convocation royale, fait l'éloge de la ville de Paris, évoque les relations avec la Flandre depuis Philippe Auguste, explique que le comté et les villes flamandes refusent d'exécuter la paix préalablement signée. Le discours achevé, il demande aux députés bourgeois assis en contrebas quels sont ceux qui apporteront leur « aide ou non » dans cette nouvelle guerre contre les

Flamands, et il prie le roi de se lever « de là où il était assis, pour qu'il voie ceux qui lui voudraient faire aide ». Étienne Barbette, bourgeois de Paris, parlant au nom de la capitale, déclare alors que les habitants sont « tout prêts de faire l'aide, chacun à son pouvoir » ; et, après ledit Étienne, « tous les bourgeois » venus là en représentants des communes « répondirent en telle manière que volontiers lui feraient aide. Et le roi les en remercia ».

Fin de la réunion. Point de débat, aucune doléance. Ce type de réunion solennelle, préfiguration des états généraux, fait apparaître une monarchie sachant qu'en présence du roi une assemblée de députés ne pourra rien lui refuser, du moins en temps de guerre. Nul ne peut plus dénier au roi de France la fonction d'organiser la défense commune, ni s'exempter de l'impôt demandé pour le salut du royaume. L'histoire de l'impôt d'État, décrété et régulier, n'ira pas de soi après Philippe le Bel, c'est bien certain, mais c'est avec lui qu'elle a commencé.

La pression des officiers

Partout dans le royaume la pression des officiers royaux est extrême. Leur rôle dans les bailliages et les sénéchaussées n'est pas que militaire et financier. Depuis le haut Moyen Âge, un roi n'est roi que s'il se montre grand justicier. Faire régner la justice est la justification chrétienne du pouvoir royal, sa raison d'être et sa finalité. Ce que l'expansion territoriale de la royauté a ainsi vite provoqué au XIIIe siècle, c'est la souveraineté judiciaire du Capétien. « Toute justice émane du roi », dit déjà fort officiellement un adage au temps de Saint Louis. Mais sur le terrain, cette souveraineté judiciaire ne peut se déployer qu'au préjudice des forces sociales ayant accaparé le droit de juger depuis l'époque féodale. Face aux justices seigneuriales et urbaines, moins équipées, moins zélées et moins impartiales que les nouveaux tribunaux royaux, le combat n'a pas été trop difficile.

Il n'en alla pas de même avec la justice ecclésiastique qui s'exerçait depuis le XIIe siècle auprès de chaque évêque. Le tribunal épiscopal, dénommé l'officialité (car tenu par un « official », délégué de l'évêque), non seulement usait d'un droit et d'une procédure perfectionnés, mais avait acquis une compétence extrêmement étendue, bien au-delà des questions de foi. En matière criminelle, elle s'étendait à tous les membres du clergé de manière absolue, et comme une faveur aux nombreuses gens sous sa protection (pauvres, veuves, orphelins, écoliers des universités, croisés). De manière exclusive, partagée ou concurrente, elle s'appliquait à de très nombreux domaines de la vie civile, individuelle ou collective : communauté conjugale, dot, douaire, séparation de corps, légitimation des enfants, testament, contrats, usure… L'État en formation ne pouvait abandonner au clergé un privilège de juridiction aussi étendu, laisser aux officialités un tel contrôle matériel et moral sur la vie des sujets. La justice étant au Moyen Âge l'expression même de la puissance, la réduction des prérogatives judiciaires de l'évêque était inévitable.

Elle se fit dans la douleur. En 1294, Guillaume Le Maire, évêque d'Angers, dans des doléances adressées au roi lui-même, ne tarit pas d'invectives contre les baillis et leurs agents, « race de vipères », « chiens aboyants », « loups dévorants »… qui, journellement, violent les droits et privilèges judiciaires des clercs. Cinq ans plus tard, au nom de la province de Tours, il lui fait parvenir une série de *gravamina* réexposant les abus intolérables des officiers de la justice laïque : ce sont leurs saisies des biens ecclésiastiques, leurs intimidations pour dissuader les sujets de se pourvoir devant l'officialité, leur obstination à considérer les contentieux comme relevant tous de la justice du roi, leur manière d'estimer les clercs obligés par leurs déclarations devant eux, ce sont leurs violences sur les porteurs de lettres pontificales ou d'instructions de légats (ils les leur font manger !), leur refus d'accorder valeur probatoire complète aux lettres épiscopales, l'acceptation de témoignages provenant d'excommuniés... Comment, s'indigne le prélat, la royauté peut-elle laisser libre cours à cet effroyable scandale, ne pas sanctionner ces horribles crimes perpétrés à l'encontre des « antiques coutumes approuvées et appliquées de tant de temps qu'il n'est mémoire du contraire » ? Ce témoignage est instructif de l'étendue et de l'intensité de la lutte qui alors se généralise contre les privilèges judiciaires de l'Église. Le combat est quotidien, dans toutes les circonscriptions du royaume, mené par des officiers royaux à qui le pouvoir central va bientôt donner en quelque sorte l'exemple en ordonnant de spectaculaires arrestations de prélats accusés de complot (Bernard Saisset, évêque de Pamiers, en 1301) ou d'empoisonnement (Guichard, évêque de Troyes, en 1308).

Un Guillaume Le Maire croit encore à l'intervention réparatrice d'une royauté capétienne soucieuse de conserver les « libertés » et les « anciennes coutumes » ecclésiastiques. Il se trompe. Philippe le Bel est un esprit sincèrement religieux qui ne reconnaît aux dignitaires du premier ordre aucun droit politique. Il fait enquêter sur l'activité des officialités, affirme son droit d'ordonner la saisie du temporel ecclésiastique dès lors qu'un abus de juridiction est commis par un official, tolère ou même encourage secrètement les juges et agents royaux les plus agressifs, considère que ce qui au royaume touche aux immeubles relève de la juridiction laïque seule. Aux continuelles plaintes du haut clergé français il répond toujours, feignant la bonne volonté. Ses successeurs se montreront eux aussi à la fois inflexibles et habiles. Plutôt que de légiférer pour préciser la frontière entre les deux ordres de juridiction, ce que les évêques réclameront, ils laisseront le Parlement, juge de dernier ressort, développer une jurisprudence donnant arrêt après arrêt forme régulière à l'étouffement des officialités. Sous François Ier, les premiers articles de l'ordonnance de Villers-Cotterêts (1539) ne feront qu'officialiser cette jurisprudence médiévale inexorablement restrictive des compétences de la juridiction ecclésiastique.

Le monopole de la violence

Face à la moyenne et petite noblesse, celle des provinces, une même ardeur à étendre les droits du roi caractérise l'action des officiers royaux dans les bailliages et les sénéchaussées. Un véritable antiféodalisme politique les anime, aussi virulent et tatillon que leur anticléricalisme. Les griefs exprimés lors des révoltes nobiliaires de 1314-1315 en disent long et sur le caractère sournois de leurs empiétements judiciaires, fiscaux, militaires, et sur leurs violations des coutumes anciennes commises au nom des droits du souverain. Tout y est dénoncé, du plus grave de leurs « abus » (la soumission de nobles à la torture judiciaire) au plus relatif (l'accaparement des droits de bâtardise), en passant par la convocation directe des hommes des seigneurs à l'ost royal. On comprend d'autant mieux l'indignation de ces nobles provinciaux que les atteintes à leur honneur et à leurs marques de supériorité ont alors pour origine directe quelques solennelles ordonnances royales ruineuses de leurs usages et coutumes les plus ancrés. Ainsi ces ordonnances abolitives du droit de guerre privée.

Philippe Auguste avait imposé la « quarantaine-le-roi », soit un délai de quarante jours pour empêcher les attaques surprises d'un seigneur sur les proches parents de son offenseur. Louis IX avait introduit « l'asseurement », à savoir la promesse, faite en justice et sous serment, de ne point s'attaquer à une personne donnée. Refuser de faire cette promesse était sanctionné par la saisie royale des biens. Il avait aussi légiféré pour défendre aux nobles les libres chevauchées en armes et, en 1258, de façon encore plus ambitieuse, il interdisait toutes les formes d'actions guerrières dans le royaume. Reste que cette législation de paix avait été sans grand effet sur des pratiques belliqueuses pluriséculaires.

En janvier 1304, parmi d'importantes mesures destinées à calmer la colère des populations méridionales (victimes des excès de l'Inquisition dominicaine et de la guerre entre le comte de Foix et le comte d'Armagnac), Philippe le Bel prend une ordonnance qualifiée de « statut général ». Invoquant le droit divin de la royauté, sa fonction pacificatrice ainsi que le précédent de Saint Louis, elle fait perpétuelle prohibition dans tout le royaume « des guerres, des combats, des homicides, des incendies de maisons ou de villes, des agressions ou des attaques de paysans ou de laboureurs ». Les « transgresseurs téméraires » seront punis « en tant que perturbateurs de la paix, nonobstant la coutume contraire ». Car cette coutume fait entrave aux bonnes mœurs, à la tranquillité des sujets, à l'utilité du royaume et à la justice. Il s'agit – c'est toujours le roi qui parle – d'une corruption (*corruptela*) de coutume : « Nous la déclarons et prononçons nulle, cassée et supprimée. » Un tel volontarisme législatif en faveur de la paix publique impressionne. Sont bannies à jamais au royaume toutes les espèces d'affrontements armés et de violences guerrières. Les plus visés ici ne sont pas les actes de brigandage commis par les hommes d'armes ou les milices urbaines de retour de campagne ; c'est l'usage nobiliaire invétéré de la guerre qui est principalement condamné et prohibé par l'ordonnance, sans que la noblesse soit expressément nommée. Les fauteurs de violences sont en général des nobles, ce sont eux qui déclenchent des raids ou des représailles accompagnés de familiers et de vassaux, au besoin avec la participation de leurs propres manants. Ce texte marque la volonté de contraindre le second ordre, celui des *bellatores*, à placer son énergie guerrière au seul service du roi. Une inflexible volonté, puisqu'en 1309, et encore en 1311, Philippe le Bel devra réitérer l'interdiction générale des guerres privées. La rhétorique de ces deux ordonnances traduit sa détermination, les contrevenants y sont même désignés coupables de lèse-majesté royale.

Tenir la bride à la noblesse, voilà un défi nécessaire tant à la paix dans le royaume qu'à l'établissement d'une parfaite souveraineté royale. On dénombre dans le même sens durant le règne pas moins de six ordonnances interdisant aux nobles les joutes et les tournois. Ces passions propres au second ordre ne sont pas seulement une cause de mortalité de chevaux et de personnes, mortalité qui diminue les forces en période de guerre du roi. Elles montrent des chevaliers passant facilement du tournoi à la guerre privée, s'assemblant n'importe où avec armes et armures. Au lendemain de la mort de Philippe le Bel, les nobles s'empresseront de sommer Louis X de restaurer l'ancien usage consistant bonnement à « guerroyer les uns aux autres, chevaucher, aller, venir et porter les armes... ». Il faudra finalement à la royauté plus d'un siècle d'efforts pour imposer son monopole de la guerre, parvenir à retirer à la noblesse l'élément fondateur de sa puissance. Mais, comme pour l'impôt obligatoire, l'élan législatif de Philippe le Bel aura décisivement engagé le processus d'intégration forcée du second ordre dans le corps de l'État.

Le système des enquêtes

Responsable de la paix et suprême justicier en vertu de la promesse du sacre, le souverain médiéval est contraint de montrer de nette et visible manière, à moins de ruiner son charisme, qu'il est sensible aux souffrances et accessible aux plaintes. Depuis Saint Louis, les voies de recours judiciaires contre les « abus » des officiers royaux sont possibles. Mais faire appel devant le Parlement n'est pas à la portée, ou même de l'intérêt, de chacun. Pour un sujet, un corps ou une communauté, déposer une requête auprès du souverain est un moyen plus simple. Cette relation directe avec le sommet du pouvoir s'opère diversement, à l'occasion des déplacements du roi, d'un membre de la Cour, des fêtes et des cérémonies diverses, voire, c'est le mode le plus fréquent, par simple lettre. Parfaitement informés des protestations provenant des diverses parties du royaume, les Capétiens, à partir de Saint Louis, ont eu en réponse largement recours aux tournées locales d'inspection. Confiée généralement à deux « enquêteurs-réformateurs », un clerc et un chevalier pris dans la Cour du roi, la tournée avait pour objet de « corriger ou réformer tout ce qu'ils jugeraient nécessaire ». Avec un tel mandat, l'ensemble de l'administration des officiers locaux, y compris celle des plus modestes, pouvait être passé au peigne fin.

Le système, des plus approfondis, était aussi des plus habiles. Autant que la réparation des torts faits aux sujets, il permettait de vérifier la capacité des officiers des bailliages et sénéchaussées à bien défendre les droits de la couronne. Deux finalités indissociables. La chasse officielle aux abus satisfaisait l'opinion, tandis que la royauté observait la manière dont elle était réellement servie. Les enquêteurs sanctionnaient les mauvais officiers tout en repérant les talents. Ces tournées pouvaient durer de longs mois, parfois plusieurs années, s'étendre à une province entière. Les mécontents étaient entendus, les humbles comme les notables, les officiers mis en cause interrogés, les autres aussi. L'enquête qui prenait ainsi des formes judiciaires pouvait aboutir à des révocations sur place, et dans les cas les plus graves le Conseil du roi était aussitôt informé. Guidées par le souci de justice, ces enquêtes administratives procuraient par ailleurs d'importants revenus au Trésor. Les confiscations et les amendes contre les mauvais contribuables ou les usurpateurs des droits du domaine royal pouvaient être énormes, des sommes impayées pouvaient être levées en toute impunité ; pour des délits graves, des rémissions étaient accordées moyennant compensation pécuniaire ; l'assiette de tel impôt de guerre pouvait être renégociée ou son montant global revu à la hausse. Cette coloration financière marquait pratiquement toutes les enquêtes.

Les ruses de « la réforme »

Pressé par les populations, soucieux d'efficacité administrative, le gouvernement de Philippe le Bel ne peut faire autrement que de s'afficher « réformateur » le plus solennellement que faire se peut. Ainsi, le 18 mars 1303, avec la promulgation d'une grande ordonnance « pour la réforme du royaume » (*pro reformatione regni*). Il faut dire que le pape Boniface VIII, fin 1301, au plus fort de son affrontement avec notre roi, avait menacé d'un concile pour procéder à la *reformatio* du royaume de France. *Reformatio* signifie « re-formation », comme *reformare* veut alors dire « restaurer », « revenir à l'état antérieur ».

Une première ordonnance de réformation avait été promulguée par Saint Louis en 1254, au retour de croisade. Celle de Philippe le Bel y fait référence, s'en inspire étroitement, mais avec ses soixante-deux articles (contre trente-neuf) elle paraît bien plus détaillée. Il faut rassurer les forces traditionnelles, principalement les prélats et les barons, qui pâtissent de l'implantation de l'État monarchique. Une quinzaine d'articles proclament que les coutumes locales seront respectées ainsi que les privilèges et franchises anciennement concédés. L'article 4 annonce que des personnes sages et capables seront envoyées dans les bailliages et les sénéchaussées pour s'informer de ces libertés, connaître comment elles se pratiquaient du temps de Saint Louis. Une quarantaine d'articles visent à garantir la compétence et l'honnêteté des officiers royaux dans les provinces : obligation de résidence, conditions de moralité, exercice personnel de l'office, vérification et bonne exécution des ordres, reddition des comptes, etc.

On voit l'ambivalence d'une telle législation. La royauté fait acte de contrition en promettant de restaurer les libertés anciennes, mais elle ne précise aucunement de quelles libertés il s'agit. Quant à la reprise en main disciplinaire annoncée de l'administration locale, elle va permettre en réalité de fournir des bases plus saines à la politique d'assujettissement du clergé et de la noblesse. De sorte que, tout en avouant les fautes du pouvoir, cette grande ordonnance de réforme maintient le droit royal entièrement sauf. L'article 39 sur le serment que devront prêter les officiers royaux, petits et grands, est à lui seul l'indicateur que le pouvoir n'entend rien lâcher : « Ils jureront de bonne foi de conserver et servir notre droit (*jus nostrum*) sans diminution, sans obstacle, sans préjudice du droit d'autrui. »

Servir intégralement le droit royal sans préjudice du droit d'autrui. Mais alors, quel contenu la royauté donne-t-elle au droit royal ? C'est le cœur du problème en ces années 1300. Les ordres privilégiés en ont une conception nécrosée après des siècles de féodalité. Le troisième ordre, de son côté, ne rêve que de franchise fiscale et de bonne monnaie. Or, dans les promesses faites aux uns et aux autres d'éradiquer les abus de l'administration et de revenir aux usages anciens, les droits du souverain, systématiquement réservés, ne sont jamais énumérés. Cette « indéfinition » juridique tient lieu de stratégie politique en période de conflit. Voici ce que Louis X répondra en 1315 à des révoltés qui demandent des éclaircissements : « Nous avons octroyé aux nobles de Champagne des requêtes [...] en retenant les cas qui touchent notre royale majesté ; ils requièrent une définition ; en voici une : *la royale majesté est entendue ès cas qui de droit ou d'ancienne coutume peuvent et doivent appartenir au souverain prince et à nul autre.* » Tautologie.

✧

De compte fait, sous Philippe le Bel, l'affirmation de l'État a beaucoup moins résulté des mauvais traitements réservés aux ennemis du royaume, déclarés tels, ainsi Bernard Saisset, le pape Boniface, les templiers, les Juifs, les Lombards, que de la capacité du gouvernement royal à canaliser les plaintes et à endiguer les critiques venues de toute la société contre la politique menée quotidiennement. À ceux qui s'élèvent contre les abus de pouvoir de ses officiers, ce roi répond toujours habilement, par la rencontre et le dialogue, par les enquêtes et les assemblées, enfin par la *reformatio regni*. Ce faisant, il montre la voie que va suivre l'État monarchique. Rien qu'entre 1314 et 1328, sous les règnes très courts de ses trois malheureux fils, seront envoyés à travers le royaume pas moins de soixante-trois groupes d'enquêteurs-réformateurs. Jusque sous Charles V (1364-1380), la grande ordonnance *pro reformatione regni* de 1303, qualifiée de *Magna Statuta* par les clercs de la Chancellerie, sera renouvelée au moins vingt-quatre fois. Et jusqu'au XVIe siècle, les grandes secousses internes se résoudront chaque fois par une assemblée de députés des trois ordres du royaume, suivie d'une ordonnance dite de réforme.

Alors, le droit royal ? Pour savoir exactement en quoi il consiste, il faut se projeter dans la doctrine, le discours et l'action de ceux qui conseillent le souverain, gouvernent ou administrent le royaume. Ce sont des diplômés de l'université, experts en la science de l'État.

IV

L'APPUI DES GENS DE SAVOIR

Entre 1285 et 1314, le renforcement considérable de la puissance du roi n'a pas résulté d'une pure inflexion autoritaire. Nous avons vu qu'une telle consolidation avait été servie par une maturation institutionnelle de l'État, et qu'une forme de dialogue entre gouvernants et gouvernés l'avait accompagnée. La masse des sujets a globalement accepté cette montée en puissance. Sans aller jusqu'à imaginer une tacite entente entre la couronne et le tiers état contre l'ordre de la noblesse, trame chère aux historiens libéraux du XIXe siècle, il faut bien admettre que, pour les ruraux et les bourgeois, la justice et l'administration royales étaient largement préférables à celles du seigneur, qu'il fût laïque ou ecclésiastique. L'émancipation des campagnes françaises doit beaucoup à une politique d'affranchissement des serfs du domaine de la couronne, décidée par Philippe le Bel en 1298, déclarant la liberté des serfs royaux des sénéchaussées de Toulouse et de Carcassonne. Quant à l'ingérence de ce Capétien dans les institutions urbaines, elle fut, comme celle de ses prédécesseurs, inévitable du fait des luttes internes, de la confiscation des pouvoirs municipaux par les élites du négoce aux dépens des gens de métiers et autres citadins. Quand Philippe le Bel fait pendre des émeutiers et alourdit son contrôle sur une ville, c'est pour y installer une paix définitive, la sauver de la faillite, rétablir la prospérité.

À ce renforcement considérable de la puissance du roi il y a d'autres profondes raisons. Elles sont de nature intellectuelle. Bien identifiables, il faut pour en prendre la mesure se placer quelques décennies en arrière.

Le renouveau de la philosophie et de la science juridique

Au XIIe siècle, un tournant décisif dans l'histoire de la civilisation occidentale s'était produit quand des clercs, bravant le dogme du péché originel, aperçurent pour l'homme la possibilité d'un progrès matériel et moral. Il n'est plus admissible d'opposer un Moyen Âge statique, uniquement tributaire des enseignements de la Bible et des Pères, essentiellement préoccupé du Salut, à une Renaissance rationaliste, penchée sur l'individu et son développement. Au XIIe siècle, non seulement des érudits commencent à se passionner pour la langue latine et la poésie des Anciens, mais, dans les grands centres scolaires situés entre Loire et Rhin, alors que l'enseignement n'avait jusque-là puisé qu'à un petit nombre d'auteurs (Cicéron, Donat, Boèce, Priscien), on voit affluer une série spectaculaire d'œuvres absolument nouvelles. Ce sont pour la plupart des traductions latines de traités grecs et arabes de physique, de mathématiques, de mécanique, d'optique, de médecine, d'astronomie, de sciences naturelles et de philosophie. En quelques générations, la Chrétienté latine s'informe de la *Logique*, de la *Physique* et de la *Métaphysique* d'Aristote, des enseignements d'Euclide,

Archimède, Ptolémée, Hippocrate, Galien, Averroès, Avicenne, pour ne citer qu'eux. Une masse aussi inouïe de connaissances ne sera pas assimilée avant le XIIIe siècle, elle n'en fait pas moins l'effet d'une révélation. Voilà que les spécialistes du savoir disposent d'un arsenal d'explications inédites du monde physique, du corps humain, de la nature animale, végétale, minérale. À beaucoup, dans les écoles chartraines et parisiennes, le monde naturel apparaît sous un jour inépuisable et bienfaisant, comme le suprême décret du Créateur. Le naturalisme naît, et avec lui le rationalisme. Abélard prône la possible conciliation de l'intelligence et de la foi. Son premier traité de théologie est brûlé, mais à la pensée occidentale il livre la méthode dialectique, le *Sic et Non*. Le XIIe siècle, marqué par le renouveau de l'économie marchande et monétaire, fut également le moment d'un immense renouvellement des supports et des expressions de la pensée. On ne saurait l'oublier.

Lumineux Moyen Âge ! Dans le prolongement de cette renaissance intellectuelle, on voit au XIIIe siècle fleurir partout en Chrétienté d'authentiques cathédrales du savoir : les universités. À la faculté des arts de la toute jeune université de Paris, l'aristotélisme ambiant engendre de purs esprits rationalistes. Contre ces partisans de la « double vérité », contre ces « averroïstes » oublieux de l'ordre surnaturel, Albert le Grand montre qu'il est possible d'injecter dans le christianisme des pans entiers d'Aristote sans péril pour la foi et la doctrine. Son disciple Thomas d'Aquin emboîte le pas en composant une *Somme théologique* majestueuse qui marie avec le dogme chrétien la physique, la métaphysique, l'éthique et, tout autant, la politique du « divin Aristote ». Récemment traduite en latin, la *Politique* du Stagirite est censée contenir tout ce que l'on nomme déjà « la science politique » (*scientia politica*). Thomas d'Aquin rédige même une sorte de miroir du prince, le *De Regno ad regem Cypri* (qui restera inachevé du fait de la mort de son destinataire, mais que terminera un de ses disciples, Ptolémée de Lucques) où les questions typiquement aristotéliciennes – nature sociale de l'homme, typologie des gouvernements, bienfaits de la royauté, méfaits de la tyrannie, etc. – sont traitées de non scolastique manière. Car les théologiens universitaires du XIIIe siècle s'inquiètent de vie réelle. Dans les questions qu'ils disputent en public (*quodlibeta*), ils ne s'affrontent pas seulement autour de la distinction de l'être et de l'essence, de l'unicité de la forme substantielle, de l'individualité de l'intellect, des opérations angéliques... Au début du règne de Philippe le Bel, les exercices quodlibétiques auxquels se prêtent Richard de Mediavilla, Henri de Gand, Godefroid de Fontaines ou Berthaud de Saint-Denis abordent fréquemment des sujets brûlants d'actualité, comme le pouvoir législatif du prince. Ainsi voit-on ces maîtres, par exemple, transposer la théorie des quatre causes d'Aristote au problème de la légitimité de l'impôt quand il frappe le clergé. On admettra qu'il est juste ou injuste au regard de la *causa efficiens* (qui impose ?), de la *causa finalis* (pour quelle utilité ?), de la *causa formalis* (impôt direct ? personnel ? proportionnel ?) et de la *causa materialis* (quelle assiette ?).

Il n'y a pas que la renaissance de l'esprit philosophique. Un autre phénomène décisif a simultanément renouvelé en profondeur la manière de penser le pouvoir et la société : l'étude des compilations juridiques de l'empereur Justinien Ier, mort en 565. Ces compilations, le *Code* (recueil de législation impériale, en douze livres, complété par des *Novelles*), le *Digeste* (recueil de citations doctrinales, en cinquante livres) et les *Institutes* (manuel d'initiation, en quatre livres) avaient commencé d'être étudiées à la fin du XIe siècle à Bologne et dans d'autres grandes cités du nord de l'Italie. Au XIIe siècle, l'enseignement de ces textes avait fait tache d'huile en direction de toute l'Europe, et au siècle suivant son succès était déjà si grand que des facultés spécifiques de « droit civil » (droit romain) avaient été créées au sein de l'institution universitaire, en France à Toulouse, Montpellier et Orléans. Formant un corpus grandiose de principes, de règles, de définitions et de techniques, les compilations de Justinien dévoilaient en plein Moyen Âge féodal l'image fascinante d'une civilisation d'où les violences étaient bannies grâce à un système législatif et doctrinal qui fixait et garantissait à chacun des droits. Ce *Corpus iuris civilis* attestait la possibilité d'un État pacifié par le droit. Le préambule des *Institutes* ne montrait-il pas Justinien proclamant que « la majesté impériale n'est pas seulement décorée par les armes mais armée par les lois » ? Le *Corpus* montrait également l'État romain fondamentalement soucieux de bonne administration de la justice. Tout un livre du *Code* est consacré à la procédure. Le quatrième livre des *Institutes* traite des délits et des demandes en justice. Plusieurs centaines de chapitres du *Digeste* de l'organisation des tribunaux, des actions en justice, des devoirs des juges et des avocats.

On comprend que les glossateurs médiévaux aient aussitôt envisagé ce droit romain comme le nouvel instrument de l'ordre et de la paix, qu'après des siècles d'incertitude et de rusticité juridiques ils y aient vu « la raison écrite » (*ratio scripta*), une loi partout applicable (*lex generalis omnium*). Loin de tout historicisme, leurs gloses, leurs commentaires, leurs traités consistèrent à adapter ce droit antique aux réalités politiques et sociales, à dégager des solutions utiles à leur époque. Cette pédagogie utilitaire explique que les facultés de droit aient vite formé bien plus de diplômés que les autres. Il en résulta l'avènement d'une nouvelle catégorie professionnelle, celle des « légistes », experts en *leges* romaines, dont les autorités publiques diverses, seigneuriales, municipales, princières, ecclésiastiques et bien sûr étatiques ne pourront plus se passer. Au XIIIe siècle, les diplômés en droit romain n'hésitent pas à se prévaloir d'une nouvelle chevalerie, une chevalerie « ès-lois », jugée aussi indispensable à la société que la chevalerie traditionnelle. Nous voici aux origines de la noblesse de robe. La machine de l'État ne peut plus fonctionner sans juristes. Ce qu'illustre un Philippe de Beaumanoir (mort en 1296) qui commence sa carrière de bailli sous Philippe III et la finit sous celui de son fils. Ses célèbres *Coutumes de Beauvaisis* en soixante-dix chapitres montrent une habile exploitation des sources savantes du droit romain et du droit canonique.

L'ascension des légistes

Avec Philippe le Bel, le Conseil du roi, auparavant dominé par l'élément familial, aristocratique et féodal, accueille régulièrement des gens de savoir, les légistes au premier rang. Le mouvement avait commencé sous Saint Louis ; le fait nouveau consiste dans son accélération et dans l'entrée successive de légistes originaires du Midi, plus seulement de France septentrionale. Ce sont Pierre Flote, Guillaume de Plaisians, Guillaume de Nogaret, qui deviendront chanceliers, Pons d'Aumelas, Gilles Aycelin, Raoul de Presles, Pierre de Mornay... Certains sont nobles, parfois d'excellente extraction, d'autres sont ou sont faits chanoines, archidiacres, évêques, voire archevêques. Ceux de simple origine vivent noblement, du fait d'une fortune foncière rapidement acquise, et sont sur le point d'être anoblis. Tous ont auparavant fait leurs preuves dans l'administration et la justice des bailliages ou des sénéchaussées. Beaucoup ont sillonné d'importantes étendues du royaume comme enquêteurs-réformateurs. Ce sont à la fois des hommes de dossiers, d'excellents gestionnaires et des orateurs de premier ordre. La notion de conseil, aussi ancienne que la monarchie, change alors considérablement. Elle consiste désormais à s'informer des décisions à prendre auprès d'individus choisis pour leur compétence et leur longue expérience. En plus de l'adhésion des forces politiques traditionnelles (princes du sang et hommes d'épée), il s'agit de s'assurer, notamment auprès de solides juristes, de la juste cause, du caractère raisonnable et utile des commandements souverains.

L'entier sommet de l'État est concerné. Au Parlement, qui statue en appel et en dernier ressort au nom du roi, ne sont nommés que de remarquables juristes. Y siègent aussi des professeurs, auteurs de très savants commentaires du *Corpus iuris civilis*, comme Pierre de Belleperche, à qui le roi confie de difficiles missions diplomatiques, avant d'en faire son garde du sceau. Parmi les maîtres des comptes et les enquêteurs-réformateurs, on rencontre quelques docteurs, et on ne compte plus les licenciés (une licence en droit représente à l'époque six à huit ans d'études). Ces excellents légistes n'ont d'ailleurs pas uniquement comme bagage la science du droit romain. Tous sont frottés de droit canonique, certains sont même docteurs *in utroque jure* (nantis du double doctorat, en droit romain et en droit canonique). Le *ius canonicum* influence ou régit alors d'importants domaines du droit privé et pénal, et c'est également un droit très politique. Car les canonistes, après une courte période d'indifférence, avaient passé au crible les compilations justiniennes pour en extraire au bénéfice du pape, du gouvernement de l'Église, de son administration et de sa discipline quelques concepts clés (*auctoritas*, *potestas*, *dignitas*, *regimen*, *administratio*...), des maximes, des règles et des techniques (comme le mandat, *mandatum*). Ce droit canonique régénéré par l'autorité scientifique reconnue au droit de Justinien se présentait à bien des égards comme un droit romain ecclésialisé. Pour un légiste, comme d'ailleurs pour un théologien ou un philosophe, rien ne s'opposait à tirer argument du droit canonique si cela confortait le raisonnement.

Pour bien se rendre compte de ce qu'est un légiste, prenons le plus célèbre d'entre eux, Guillaume de Nogaret, dont l'historiographie a fait longtemps l'archétype du juriste borné, fétichiste du droit romain et fanatique du pouvoir absolu. Au terme de ses études juridiques à Montpellier et après un doctorat en droit civil certainement décroché à Bologne, il exerce comme *legum professor* dans son université mère, tout en consultant. L'année même où l'évêque de Maguelone cède au roi de France ses droits comme suzerain de Montpellier (1293), il est nommé juge-mage de la sénéchaussée de Beaucaire. Sans doute cette nomination a-t-elle été favorisée par un mémoire qu'il rédigea à l'intention du roi sur les prérogatives temporelles de l'évêque, où il manifestait de nettes conceptions régaliennes. Deux ans plus tard, il est chargé d'enquêtes administratives en Champagne et dans les provinces orientales du royaume. Il siège au Parlement à partir de 1298, est anobli en 1299, et son entrée au Conseil du roi est attestée en 1300. La mort de Pierre Flote en 1302 va faire de lui le premier des légistes au Conseil. Actif à la Chancellerie dès 1306, le roi lui donne l'année suivante la garde du sceau, fonction qu'il conserve jusqu'à sa mort en 1313.

Nogaret au gouvernement n'aura pas été que cet homme de foi aux penchants mystiques, adversaire mortel de Boniface VIII et persécuteur impitoyable des templiers. Il est resté jusqu'à la fin un interlocuteur incontournable, orchestrant notamment le vaste mouvement d'extension des droits et du domaine du roi dans le centre et le sud-ouest du royaume. Toute sa carrière il a agi en homme de savoir et en doctrinaire de l'État. Les discours, mémoires, notes et projets d'actes qu'il a laissés en grand nombre portent l'empreinte de sa formation universitaire : raisonnement de type dialectique, enchaînement des propositions, recours massifs au syllogisme et, naturellement, grand usage du droit. Toujours soucieux d'efficacité démonstrative, il s'appuie selon les circonstances sur le droit civil (romain), le droit canonique, mais aussi le droit féodal et le droit coutumier quand il peut en tirer des dispositions avantageuses, enfin sur les ordonnances royales. De ce droit plural il extrait les normes qui fondent le mieux la « raison » et la « justice » des remèdes qu'il propose face au « scandale » de la situation en cause. Il ne plaide jamais ses dossiers en simple procureur des ambitions de son maître. Son moteur, c'est le service du roi confondu avec l'intérêt de l'État ou, comme il le répète à satiété, avec l'*utilitas publica*. L'utilité publique est chez les légistes ce qu'est le bien commun chez les théologiens : le motif, la *ratio*, de la loi, comme de tous les commandements du souverain. À rebours de l'image d'Épinal du légiste de Philippe le Bel, Nogaret pratique constamment une pesée des droits et privilèges des tiers, poursuit une politique qui dépasse les seuls intérêts personnels ou conjoncturels du monarque. L'énergie souvent haineuse mise à lutter contre les ennemis réels ou supposés de son employeur ne doit pas occulter son haut degré de conscience étatique, une obsession de l'intérêt collectif et de la continuité du pouvoir, qui caractérisera, jusqu'au temps des Colbert et des d'Aguesseau, les grands serviteurs de l'État monarchique.

✧

Avec ses milliers de diplômés formés à Paris, à Orléans, à Toulouse ou à Montpellier, l'université fait faire à l'État naissant un pas de géant. La royauté va gouverner, juger, imposer, servie par des gens formés aux disciplines intellectuelles qui ont la vie sociale et politique pour objet. À partir de Philippe le Bel, la puissance royale va pouvoir se déployer équipée d'un arsenal argumentaire théologico-philosophique et juridique bien à même de refouler les bases théoriques et idéologiques des forces contestataires, la noblesse bien sûr, le clergé surtout. Même dans les actions les plus radicales du pouvoir, le droit, la théologie, la philosophie seront à l'œuvre, non pas en filigrane mais exploités, fièrement, en justification. Tout ce que le souverain commandera d'important ou de neuf viendra en correspondance avec la représentation que les universitaires fournissent désormais de l'institution monarchique. Le règne qui nous occupe a façonné l'alliance de la puissance et de la connaissance.

L'intelligentsia contre Boniface VIII

Autour de 1300, les besoins de la propagande antipontificale montrent la force du lien unissant la royauté aux gens de savoir. Rappelons quelques faits. En 1296, après avoir furieusement réagi, dans la bulle *Clericis laicos*, à la levée royale d'une décime sans autorisation pontificale, Boniface VIII avait fini par céder.

Mais en 1301, l'arrestation, le jugement et la condamnation en Cour du roi de l'évêque Bernard Saisset mirent véritablement le feu aux poudres, le souverain pontife ne pouvant admettre cette violation réitérée du droit de l'Église, encore plus vexatoire que la précédente. Sa bulle *Ausculta fili* (5 décembre 1301) sonna comme une prise à partie du roi de France et provoqua des échanges d'une violence inouïe. Après une assemblée tenue à Paris en réplique à un concile tenu à Rome, le pape fulmina la bulle *Unam sanctam* (18 novembre 1302), un arrogant condensé de la doctrine de la théocratie pontificale. L'Église « une et unique ne forme qu'un seul corps ». La puissance du successeur de Pierre comprend deux glaives, le spirituel et le temporel. Le premier est tenu « par l'Église », le second est tiré « pour l'Église » par les rois avec le consentement et la permission du prêtre. « Il faut donc que le glaive soit sous le glaive et que l'autorité temporelle soit soumise à la spirituelle »... Ce texte signifiait *in fine* au Capétien qu'il devait se soumettre, à moins de persévérer dans l'hérésie. Peu après, Boniface VIII désignait le cardinal Lemoine pour obtenir du roi satisfaction totale et, s'il ne l'obtenait pas, l'excommunier. Philippe le Bel confia l'affaire à Guillaume de Nogaret. Le conseiller-légiste prit le pontife de vitesse en portant contre lui les accusations les plus extrêmes, d'hérésie, de parjure, de simonie, de sodomie, accusations renouvelées par Guillaume de Plaisians lors d'une assemblée réunie plusieurs jours durant au Louvre, en juin 1303. Il y fut conclu que le roi de France devait venir « au secours de l'Église » en convoquant un concile qui jugerait le pape. Prenant la parole, le roi promit de faire tout ce qui était en son pouvoir pour que ce concile, auquel il allait assister en personne, se tienne et fasse son œuvre. Nogaret avait gagné l'Italie à la tête d'une petite troupe pour, finalement, aidé par celle de Sciarra Colonna, chef de file des nombreux ennemis de Boniface VIII dans la péninsule, le capturer et le conduire en France afin de le soumettre au jugement d'un concile. Le 7 septembre, dans sa résidence d'Anagni, le pape fut insulté, peut-être frappé. Sauvé *in extremis* par les gens d'Anagni, il mourut à Rome quatre semaines plus tard.

Huit ans après, le 27 avril 1311, le premier pape d'Avignon, Clément V, leva officiellement (bulle *Rex gloriae*) toutes les condamnations pontificales prononcées depuis 1300 contre Philippe le Bel, ses partisans, le royaume ; il ordonna qu'elles fussent effacées des registres de la Chancellerie romaine, déclara que dans tout le conflit le roi n'avait agi que pour le bien de l'Église, mû par un zèle « bon et juste ». La victoire royale était complète. Pour la première fois depuis la réforme grégorienne, un conflit entre la puissance laïque et la puissance ecclésiastique se conclut à l'avantage de la première.

L'autre singularité du conflit entre Boniface VIII et Philippe le Bel est d'avoir immédiatement mis le feu aux intelligences. Dès 1296 parut ce manifeste intitulé *Antequam essent clerici* (dont Guillaume de Nogaret ou Pierre Flote pourrait avoir été l'auteur). « Avant qu'il y eût des clercs » il y avait des rois. Le pouvoir temporel a précédé le pouvoir spirituel. La supériorité que revendique l'Église ne repose sur aucune antériorité historique, elle est une pétition de principe. Ce texte élaboré au gouvernement place la barre très haut et donne le ton. La querelle avec le pape enfante une littérature spécifiquement consacrée à l'examen des rapports de l'Église et de l'État. En l'espace de trois ans, de grands intellectuels proches de la royauté vont établir la somme des arguments venant en soutien de la complète indépendance du pouvoir temporel face au pouvoir spirituel. Il faut examiner leur démarche, tant elle fut consacrée par l'issue immédiate du conflit, puis, des siècles durant, par le comportement de l'État vis-à-vis de l'Église.

Les traités

Quatre traités méritent d'être considérés comme des pièces originelles et maîtresses de notre patrimoine politico-doctrinal. Le premier, anonyme, est la *Disputatio inter clericum et militem* (« La dispute du clerc et du chevalier »). Le ton employé est volontiers polémique et populaire. Mais on y trouve des développements critiquant de manière cohérente les arguments pontificaux et posant bien les fondements du régalisme. Il fut probablement rédigé dès la fin de 1296 en réplique aux premières bulles sermonnant Philippe le Bel. Le deuxième, datant de 1302, demeuré lui aussi anonyme, est la *Quaestio in utramque partem* (« L'examen de l'une et l'autre position »). Plus dense, d'allure plus didactique, pesant les arguments *pro* et *contra*, il est consécutif aux remous causés par la bulle *Ausculta fili* déjà très explicite de la posture théocratique de Boniface VIII. C'est le moins virulent des quatre traités (son premier éditeur, Goldast, au début du XVIIe siècle, l'attribuait à Gilles de Rome). Vient ensuite le *Rex pacificus* (que l'on désigne ainsi par son incipit), de son vrai titre la *Quaestio de potestate papae*. Sous les dehors d'un exposé de type strictement didactique, c'est un traité farouchement régaliste. Il constitue la réponse des maîtres de l'université de Paris à la bulle *Unam sanctam*. Enfin, du dominicain Jean de Paris, le *De potestate regia et papali* (« De la puissance royale et papale »), achevé durant les premiers mois de 1303. C'est l'ouvrage le plus profond suscité par la querelle bonifacienne, celui également qui a le plus retenu l'attention des historiens.

Les sources de cette littérature de combat séduisent par leur imbrication subtile. Les universitaires du temps ne cloisonnaient pas les connaissances. Les grands théologiens connaissaient suffisamment le droit romain pour le citer avec soin et l'invoquer dans les domaines les plus variés. Un bon légiste, de son côté, ne se montrait jamais pur technicien du droit. Souvent passé par la faculté des arts, il pouvait témoigner d'une culture étendue, et c'était de toute façon un chrétien. À supposer que le véhément anonyme de la *Disputatio* ait été un légiste, ce que rien ne permet d'affirmer, l'auteur ne privilégie guère le savoir juridique. C'est sur le terrain des Écritures que son chevalier défenseur de la cause étatique entend principalement faire la leçon au clerc porte-parole de l'Église. La sujétion du sacerdoce au pouvoir royal est établie sur le respect que les prêtres et les prophètes témoignaient aux rois (I Rois, 1, 23 *sq.*), sur l'exemple de Joas reprochant aux prêtres leur négligence à réparer le temple (II Rois, 12, 7-8), et dont le zèle est formellement approuvé au deuxième livre des Chroniques (XXIV, 2). L'utilisation de l'Ancien et du Nouveau Testament montre à souhait la volonté de retourner contre l'Église les arguments de sa propre tradition, de combattre les théologiens pontificaux sur leur propre terrain. Dans la plupart de ces traités, saint Paul occupe une place de choix (Tite, III, 1 ; Rom., XIII-XIV), et le critère décisif de l'autonomie du temporel est tiré de l'exemple même de Jésus, lui qui a écarté la royauté que lui offraient les foules (Jean, VI, 15), qui a refusé d'intervenir dans une affaire d'héritage (Luc, XII, 14). Son royaume n'est pas de ce monde (Jean, XVIII, 36), Dieu son père ne l'a pas envoyé ici-bas pour être juge, mais en sauveur (Jean, III, 17). Il est venu non pour être servi, mais pour servir (Matth., XX, 28). Il faut rendre à César ce qui est à César (Matth., XXII, 21). Jésus s'est soumis à l'impôt (Matth., XVII,

23-27), etc. Les défenseurs de Philippe le Bel opposent aux bulles émanées de la Chancellerie pontificale, œuvres humaines, l'œuvre de Dieu qu'est l'Évangile. Le droit qu'ils font intervenir dans de notables proportions est le droit canonique, lequel regorge d'extraits bibliques et de citations patristiques.

L'autre aliment commun à cette littérature, c'est Aristote. Les commentaires universitaires de l'*Éthique* et de la *Politique* venaient de mettre à rude épreuve le dogme chrétien fondé depuis les Pères sur la loi d'unité et le principe de subordination hiérarchique. Sous sa forme averroïste ou albertino-thomiste, l'aristotélisme avait profondément ébranlé l'augustinisme politique, soit la tendance (après saint Augustin) à fondre les deux cités en une seule. Un conflit surgissant avec le chef de l'Église ne pouvait négliger cet énorme dossier philosophique justifiant un ordre social qui évoluait distinct de l'ordre ecclésiastique. Jean de Paris expose que tout vouloir ramener au pape contredit l'enseignement du Stagirite sur l'origine naturelle de la vie en cité. L'instinct social ne réclame pas l'unité du genre humain. La diversité des intérêts temporels, les facteurs ethniques et géographiques imposent au contraire une pluralité de chefs. Il y avait de vrais rois avant la venue du Christ. La royauté est la forme de gouvernement la plus à même de promouvoir le bien commun. Pour la réalisation de cette fin morale, le roi dispose du droit de légiférer, de juger, comme du droit de coercition. Inscrit dans la nature, le gouvernement royal n'est ni institué ni conféré par le pape, il est d'institution divine. La puissance temporelle et la puissance spirituelle sont à tel point différentes que l'une ne peut être subordonnée à l'autre.

Il est remarquable que ce dominicain sorte parfois des bornes du thomisme, aille jusqu'à revendiquer pour le souverain laïque une manière de pouvoir direct sur le spirituel. Si le pape commet une faute manifeste et scandaleuse en matière spirituelle, avance-t-il, le prince est habilité à saisir les cardinaux pour son excommunication et sa déposition. C'est donc le roi que Jean de Paris investit du soin de veiller à l'orthodoxie du chef de l'Église. Allant plus loin, il soulève l'éventualité d'une faute politique du souverain pontife. Cette fois, le roi peut de sa propre autorité procéder contre lui, n'ayant plus à le considérer comme chef de l'Église mais comme ennemi de la *res publica.* Si, par exemple, le pape fomente une rébellion au royaume, si, par abus du glaive spirituel, il met l'État (*res publica*) en péril et persiste malgré les monitions du prince, ce dernier peut le déposer, voire lui ôter la vie !

Ce grand universitaire s'est donc fait l'interprète doctrinal de la volonté royale d'en découdre. On voit qu'il a pris part à l'assemblée du Louvre convoquée par le roi en juin 1303 afin de répliquer à la bulle *Unam sanctam.* Son nom apparaît, avec une grosse centaine d'autres dominicains, sur la liste des signataires qui soutinrent l'appel au concile lancé par le roi pour juger l'hérétique pontife.

Fécondité de cette littérature

La réflexion qui s'organise autour de la querelle avec le pape Boniface n'est pas de faible envergure. En très peu de temps est forgée et proposée une vaste mise en ordre logique d'arguments, qui retourne complètement les principes de la théocratie pontificale. Conduite par des savants universitaires, cette opération doctrinale a profondément marqué le milieu intellectuel européen. Son influence sur les grandes œuvres hétérodoxes de la première moitié du XIVe siècle est indéniable. Notamment sur celle de Marsile de Padoue. Son célébrissime *Defensor pacis* est achevé en 1324. La politique des communes italiennes et les traditions gibelines l'ont beaucoup inspiré, mais Marsile connaît aussi la France. Maître ès arts, il a exercé quatre mois durant, en 1312-1313, le rectorat de l'université de Paris. C'est au cours d'un deuxième séjour en 1318 qu'il commence son traité. Très lié à Jean de Jandun, alors le plus ardent représentant de l'averroïsme à l'université parisienne, Marsile n'a pu ignorer les subversives doctrines qui y avaient explosé quelques années avant ses séjours, et qui continuaient de faire leur effet. Entre le *Defensor* et les écrits français plaidant la soumission temporelle du clergé à l'autorité civile, les ressemblances sont évidentes sur le fond. Particulièrement avec la *Disputatio inter clericum et militem.* Nombre d'arguments de cet ouvrage paraissent même avoir été repris presque textuellement dans le *Defensor* : la paix et le salut du roi sont la paix et le salut de l'Église, le clergé ne peut se dérober sans trahir aux demandes fiscales du monarque, celui-ci est sans conteste investi d'un strict contrôle de l'usage des biens ecclésiastiques, tout le superflu devant être affecté au soulagement des malades et des pauvres. Marsile de Padoue rejoint encore la *Disputatio* dans la mise en cause du principe même de la législation et de la juridiction ecclésiastiques. L'autorité civile est seule maîtresse du droit. Elle seule peut décider du juste et de l'injuste. Jugeant du péché, le clergé doit tenir pour péché ce qui est injuste au regard de la loi civile.

Les historiens de la pensée politique qui s'attachent à décrire les enchaînements séculaires des grands systèmes de portée universelle rechignent en général à souligner l'importance de ces écrits, tous liés à la lutte contre Boniface VIII, dans le renversement de doctrine qui promeut à la fin du Moyen Âge une vision radicalement nouvelle des rapports entre les deux puissances.

Tout au plus y voient-ils une amorce, une ébauche. Certes, ces quatre traités composés sous la pression d'une actualité dramatique n'ont pas la majesté des grandes œuvres ultérieures. Mais ils ont connu une large et longue diffusion. Du *Rex pacificus* ont été conservés une vingtaine de manuscrits. Au XVIe et au XVIIe siècle, il a été édité six fois avec d'autres écrits favorables à la supériorité du concile sur le pape et à l'autonomie du pouvoir civil.

Quant à la constitution de l'idéologie politique française, aucun doute n'est permis. Ces ouvrages rédigés dans le tumulte d'une querelle diplomatique en marquent plus que la naissance, ils en forgent l'armature et en dessinent la trame. Leurs auteurs, en effet, non seulement déroulent les revendications fondamentales de l'État face à la société religieuse, la souveraineté sur les biens et les personnes, l'exercice exclusif de la justice de dernier ressort, le monopole de la législation, mais font porter une part essentielle de l'argumentation sur le cas particulier de leur pays. Tout chez eux n'est pas que biblique, patristique, canonique ou aristotélicien. Juristes ou théologiens, ils puisent hors du patrimoine commun des sources et avancent des preuves historiques nationales qui attestent spécialement l'indépendance temporelle de leur royaume. Ils n'ambitionnent pas de bâtir une philosophie de l'État, valable universellement, ils arrêtent leur regard sur la France et son roi.

Une part d'argumentation française

Tel Jean de Paris, dominicain très en vue. Il consacre un chapitre entier à discuter la donation de Constantin, texte que le parti pontifical présentait comme le titre historique initial de la souveraineté temporelle du Saint-Siège sur le monde chrétien. Ce moine affirme qu'en réalité Constantin ne fit don au pape Sylvestre que d'une province, l'Italie, et de quelques autres territoires qui ne comprenaient pas la France. Plus loin, se fondant sur « diverses histoires », il retrace les origines troyennes du royaume de France pour prouver que cette donation ne pouvait de toute façon conférer au pape un quelconque pouvoir sur ce royaume. Après la destruction de Troie, explique-t-il, douze mille Troyens partirent fonder Sycambria où ils vécurent libres de toute sujétion jusqu'au temps de l'empereur Valentinien qui les en expulsa parce que, précisément, ils refusaient de verser un tribut à Rome. Sous la conduite de leurs chefs, ils vinrent alors se fixer le long du Rhin, aux confins de la Germanie et de l'Allemagne. Après qu'il eut tenté en vain de les soumettre, Valentinien leur donna le nom de Francs, ce qui signifie « farouches » (*feroces*) ; et, depuis, ils durent à leur vaillance de subjuguer toute la Germanie et la Gaule jusqu'aux Pyrénées et au-delà. En Gaule, qu'ils nommèrent France, ils ne furent soumis ni aux Romains ni à quiconque.

Avec Jean de Paris, le mythe troyen colporté par les livres d'histoire est déroulé dans un traité politique comme preuve irréfragable de la totale indépendance du royaume vis-à-vis de l'Empire et du pape. L'auteur de la *Quaestio in utramque partem* en fait simultanément un récit assez proche dans une même intention. Jusqu'à la fin du XVe siècle au moins, où l'on exhumera les origines gauloises, les publicistes français ne cesseront de brandir les origines troyennes comme fin de non-recevoir aux prétentions universalistes de la papauté ou de l'Empire.

Les partisans de la théocratie pontificale invoquaient par ailleurs l'exemple du roi Childéric (le dernier Mérovingien) « déposé » par le pape Zacharie. Jean de Paris y oppose le véritable récit que les chroniques font de cet événement. La prétendue déposition y apparaît comme une simple approbation pontificale d'un transfert d'autorité au profit de Pépin le Bref, transfert décidé par les barons, seuls compétents, et qui au demeurant auraient pu se passer de l'assentiment du pape. La *Quaestio in utramque partem* interprète l'événement en termes assez semblables. Le *Rex pacificus* insiste : jamais les barons du royaume de France n'auraient permis à Zacharie de déposer leur roi. Ce pape n'a formulé qu'un conseil. Inutile non plus d'arguer du sacre subséquent de Pépin par le pape Étienne. Celui-ci n'y procéda qu'en tant que père spirituel (*sicut spiritualis pater*). Le *De potestate regia et papali* va jusqu'à prendre position sur la question du sacre en général : il n'est pas nécessaire à l'acquisition de la puissance séculière. Moïse et ses successeurs n'ont pas été sacrés. Il n'est nulle part écrit au Nouveau Testament qu'ils doivent recevoir l'onction du sacerdoce. Encore de nos jours, tous les rois, ainsi ceux d'Espagne, ne se font pas sacrer. On est là au tout départ d'une position à laquelle nombre de juristes emboîteront le pas durant la guerre de Cent Ans, préoccupés de la continuité de l'État et plus seulement de l'autonomie du pouvoir temporel. Le sacre ne fait pas le roi. Ce n'est pas là, certes, la perception populaire du rite le plus emblématique du droit divin. Jeanne d'Arc verra les choses différemment. Mais cette conception à la fois savante et dirigeante perdurera intacte au moins jusqu'à Louis XIV, lequel définira lui-même cette cérémonie comme ne donnant pas la royauté, mais la déclarant utilement au peuple « plus auguste, plus inviolable, plus sainte ».

La papauté peut d'autant moins tirer argument du scripturaire *Non est enim potestas nisi a Deo* (Rom., XIII, 1) et de la cérémonie du sacre qu'un lien spirituel tout à fait exceptionnel unit directement la monarchie française à la divinité. Pour les défenseurs de Philippe le Bel, la sainteté de Louis IX est venue en confirmation de la perfection chrétienne d'une longue lignée de rois n'ayant cessé de combattre pour la défense de la foi et de l'Église. L'anonyme de la *Quaestio in utramque partem* ajoute à cela un développement de poids. À cette royauté si militante, Dieu a manifesté son approbation et protection spéciale par deux miracles « notoires et manifestes » : celui de la sainte ampoule déposée par une colombe entre les mains de saint Remi pour baptiser Clovis, dont le baume sert depuis à oindre chaque roi le jour du sacre ; celui, consécutif, du don de guérison communiqué au nouveau roi par cette onction céleste. Nous examinerons au dernier chapitre le parti politique extrêmement concret que les universitaires et les hommes du gouvernement de Philippe le Bel tirent alors du merveilleux monarchique national.

✧

Concluons celui-ci. Les intellectuels engagés auprès de Philippe le Bel ont donné le branle à une réflexion politico-doctrinale qui, jusqu'aux Temps modernes, va conserver pour caractéristique essentielle de toujours mettre en évidence la supériorité du royaume et du roi. Il suffit d'ouvrir n'importe quel traité français de droit public de la Renaissance et du Grand Siècle. Une des raisons de cette remarquable continuité d'inspiration et d'idée réside dans la rapide transmission et large utilisation des œuvres de ces premiers publicistes. Il n'est pas anodin que la *Quaestio in utramque partem* et le *Rex pacificus* aient fait l'objet d'une traduction en français sous Charles V (1364-1380). C'est un avocat et conseiller très estimé du « sage roi », Raoul (III) de Presles, fils adultérin d'un des légistes les plus en vue de Philippe le Bel, qui en fut chargé.

À la demande de ce même roi, un autre conseiller très proche, Évrart de Trémaugon, docteur *in utroque*, qui enseigne le droit canonique à Paris, compose un *Somnium viridarii* (1376) qu'il adapte et traduit deux ans plus tard. Le *Songe du vergier* se présente sous la forme d'un long, intense et savant dialogue entre un clerc et un chevalier, où ce dernier l'emporte constamment, qu'il s'agisse de prouver l'absolue indépendance de la royauté française vis-à-vis de la papauté et de l'Empire, ou la plénitude de puissance du monarque à l'intérieur du royaume. Durant ce dialogue biaisé, Évrart de Trémaugon non seulement excelle dans l'utilisation des sources du droit canonique et du droit romain, de l'histoire sacrée, des auteurs littéraires, mais fait véritablement son miel de la littérature de combat des années 1300. Plusieurs dizaines de chapitres sont construits à partir d'emprunts massifs à la *Disputatio inter clericum et militem* et au *Rex pacificus*, qu'il agence habilement et conforte de quelques-unes des thèses de Marsile de Padoue et d'Occam. Véritable somme de droit public national et manuel de gouvernement à la fois, le *Songe du vergier* figure parmi les écrits politiques français qui ont connu la plus vaste diffusion manuscrite. Après le Moyen Âge il fut dans sa version latine imprimé en 1511, 1548 et 1611. Dans sa version française en 1491, 1499/1504, encore en 1731. Avec lui, les thèmes nationalistes et régaliens brusquement brandis autour des années 1300 ont été ainsi définitivement intégrés à notre idéologie monarchique.

V

L'ABSOLU DE LA SOUVERAINETÉ

Jusqu'au milieu du XXe siècle, le droit public des États est resté en grande partie ordonné autour de la notion de souveraineté.

Le mot « souveraineté » apparaît au XIIe siècle (*sovraineté*, *souverainetet*). Francisation du latin médiéval *superioritas*, il entre rapidement – comme le mot « souverain », dérivé du bas latin *superanus* – dans la langue féodo-seigneuriale pour exprimer la position suprême et indépendante d'un individu sur un territoire et sa population. Vers la fin du XIIIe siècle, le légiste et bailli Philippe de Beaumanoir explique que, si « chaque baron est souverain dans sa baronnie », le roi est néanmoins « souverain par-dessus tous ». Ce qui se produit aux deux derniers siècles du Moyen Âge, c'est la captation du concept de souveraineté au bénéfice de l'institution royale, son extraction du vocabulaire seigneurial. On va par ailleurs en user pour signifier la totale indépendance de la monarchie française face à une papauté qui, malgré le fracassant échec de Boniface VIII, songerait toujours à intervenir dans les affaires du royaume. Plusieurs chapitres du *Songe du vergier* déjà cité visent à démontrer que le roi est « souverain en la temporalité », le pape ne pouvant revendiquer qu'une souveraineté dans les matières spirituelles (« souverain en la spirituauté »).

De la souveraineté, des générations d'historiens de la pensée politique ont loué Jean Bodin d'en avoir été au XVIe siècle le premier théoricien. Mais théoriser n'est pas inventer. Si, dans les *Six Livres de la République* (1576), ce grand publiciste promeut la souveraineté concept central et absorbant du droit de l'État, il n'en reste pas moins, la définissant comme « la puissance absolue et perpétuelle », insistant sur son caractère suprême, indivisible et inaliénable, qu'il reste débiteur de la science juridique de ses prédécesseurs de la fin du Moyen Âge.

Pour penser la souveraineté, les canonistes et les légistes médiévaux disposaient des différents vocables qui dans les compilations de Justinien signifiaient la puissance de l'*imperator*. Il s'agit de l'*imperium*, des *iura imperialia*, de la *jurisdictio*, de l'*auctoritas*, de la *potestas*, de la *majestas*. Évoquons d'abord ce riche réservoir conceptuel, la manière dont les juristes de Philippe le Bel en firent leur miel.

« *Le roi est empereur en son royaume* »

Le Capétien est doté de l'*imperium* sur tous les hommes du royaume. Voilà qui est riche de sens et qui, après avoir été enseigné dans les facultés de droit naissantes, est devenu un dogme dans les milieux dirigeants autour des années 1300.

En droit public romain, l'*imperium* était le pouvoir suprême de commandement, civil et militaire, postulant l'obéissance de manière totalement inconditionnelle. Réparti entre les magistratures sous la République, il était devenu le monopole du *princeps* sous l'Empire. Attribuer au roi de France l'*imperium* devient de plus en plus courant chez les professeurs de droit au XIIIe siècle. L'*imperium* a alors ceci de positivement subversif qu'il fait abstraction des engagements féodaux et des mécanismes contractuels de la vassalité. En 1256, Jean de Blanot en témoigne très clairement dans son enseignement sur la matière des fiefs et de l'hommage : le *rex* parce qu'il est *princeps* en son royaume y exerce l'*imperium*. Ainsi le seigneur qui résiste à son ordre de le suivre à la guerre commet-il ni plus ni moins le crime de lèse-majesté. Il est bien connu que l'assimilation du monarque français à l'empereur romain débute dans les cercles scolaires et universitaires avant même que Philippe le Bel ne monte sur le trône.

Ce qui se produit de capital sous son règne, c'est l'entrée et l'usage répété de cette assimilation dans l'action gouvernementale et le débat public. *L'imperium* c'est la souveraineté ; la souveraineté c'est l'*imperium*.

En 1297, dans un long et offensif mémoire contredisant la thèse du rattachement de la cité de Lyon à l'Empire germanique, l'auteur – Thomas de Pouilly, officier royal au bailliage de Mâcon – affirme à un moment, en unissant le fait et le droit : « Comme le roi possède en son royaume tout l'*imperium*, et qu'il est secondé de la plus grande multitude d'hommes excellentissimes tant dans l'armée que dans la cléricature, comme jamais n'en a disposé un quelconque empereur [germanique], et qu'il n'a dans le monde aucun supérieur au temporel, on peut dire de lui ce qui est dit de l'empereur [romain, au *Code de Justinien*, 6, 23, 19], à savoir que "*tous les droits*", et d'abord ceux qui concernent son royaume, "*sont enfermés dans son cœur*" ; ainsi, s'agissant de lui, de ses actes et de sa conscience, il n'y a avec l'empereur [romain] aucune raison de différence. » Le roi de France étant le plus puissant des rois, poursuit ce légiste, ses très nobles baillis exercent dans leur circonscription, comme les gouverneurs romains autrefois dans les provinces, le *merum imperium* (le commandement suprême, complet, indivisible). Tel l'empereur dans l'Empire, le roi en son royaume dispose de la souveraineté (*superioritas*), laquelle contient par ailleurs la pleine et entière juridiction (*plenissima iurisdictio in se omnia*)...

Tout est déjà dans ce plaidoyer. Mais c'est l'auteur de la *Quaestio in utramque partem* déjà citée qui, cinq ans plus tard, en 1302, forge l'aphorisme fameux, vite érigé en maxime officielle du droit public français : *Rex imperator in suo regno*. Au milieu d'un très dense passage relatif aux arguments de droit romain et canonique qui certifient la distinction des pouvoirs temporel et spirituel, il affirme que toutes les raisons et les autorités susceptibles d'être avancées en faveur de l'empereur « n'en valent pas moins pour le roi de France, lequel est empereur en son royaume ».

On a parfois attribué la paternité de cet ouvrage à Guillaume de Plaisians, arguant du fait que ce dernier, en 1303, juge-mage de la sénéchaussée de Beaucaire, batailla autour de la question de savoir « si le roi notre maître est empereur en son royaume, ou pas ». Cela dans un vigoureux mémoire sur la souveraineté judiciaire du Capétien en Gévaudan, contestée depuis trois décennies par l'évêque de Mende. Avant de devenir juge royal, Plaisians avait été professeur de droit civil (romain). Son mémoire en défense, d'une veine plus érudite que celui de Thomas de Pouilly, est pour notre propos d'un grand intérêt. Il attribue au roi de France tous les éléments de la dignité impériale, autrement dit la plénitude des *regalia*.

Les droits régaliens

Dans la langue juridique médiévale, les *regalia* sont la stricte reproduction au bénéfice du *rex* des « droits impériaux » (*iura imperialia*) exercés par le *princeps* antique. Il s'agit de droits politiques, économiques et fiscaux tenus en exclusivité. Ces droits propres apparaissaient en toute netteté dans le *Code* de Justinien. Frédéric Barberousse en avait fait établir une liste par les plus fameux docteurs de l'université de Bologne. Prétendant faire renaître l'Empire romain, il les avait proclamés au cours de la diète de Roncaglia (1158). Vers la fin du XIIIe siècle, cette liste avait été incorporée aux *Libri feudorum*, compilation de droit savant féodal venue compléter les compilations de Justinien.

Dans le mémoire de Plaisians contre l'évêque de Mende, les droits régaliens sont : au premier rang le monopole législatif; on songe alors inévitablement à Bodin faisant de la puissance de « donner la loi à tous en général » la « première marque de la souveraineté » ; puis la justice d'appel et de dernier ressort ; enfin la connaissance des dénis de justice, des bris de paix, des ports d'armes, des causes relatives aux impôts et aux voies publiques ; prérogatives auxquelles s'ajoute le droit exclusif de remettre un officier en possession de son office et de restaurer sa réputation, de destituer les officiers, d'autoriser les détournements des eaux des fleuves publics, de punir ceux qui arborent des vêtements ou des ornements réservés à la dignité royale. Tous ces *regalia*, le futur conseiller de Philippe le Bel les brandit contre l'avocat défenseur des droits politiques de l'évêque, assortis de leur localisation précise au *Corpus iuris civilis*, sans manquer de le souligner avec force : ces *regalia* ne peuvent d'aucune manière, ni par prescription ni autrement, échoir à un inférieur, quel que soit son rang ou son statut. Car la souveraineté des *regalia* est inhérente à la dignité royale : « *superioritas regalium ita inheret regie dignitati* ».

Quelle postérité pour ces leçons théoriques et pratiques de souveraineté délivrées vers 1300 sous l'invocation de l'*imperium* du roi ?

Le premier texte français énumérant officiellement les droits régaliens date de 1372. Il s'agit d'une instruction de Charles V. Le chevalier du *Songe du vergier* la cite dans toutes ses dispositions face au clerc. Ces « droits royaux », précise-t-il, appartiennent au roi « seul et pour le tout », ils sont inaliénables et imprescriptibles. On voit peu après les juristes de la monarchie en dresser des listes de plus en plus impressionnantes, comportant des dizaines de prérogatives militaires, fiscales, monétaires, économiques, judiciaires, honorifiques. Sous Charles VI, Jean Boutillier, dans un ouvrage destiné aux praticiens, en expose une quarantaine. On ne peut, comme je l'ai fait, traiter des droits impériaux, écrit-il en substance, sans immédiatement traiter des droits royaux : « Car sachez que le roi de France, qui est empereur en son royaume, peut [...] généralement faire tout et autant que [ce qui] au droit impérial appartient. » Au début du XVe siècle, un catalogue exécuté pour le président du Parlement indique significativement : « Cy ensuivent les droits royaux que le roi a à cause de sa souveraineté et qui lui appartiennent seul et pour le tout. »

Ces listes sont pour les officiers de justice des instruments de travail, tout particulièrement pour les gens du roi (le ministère public) qui, dans les procès, se vouent à la défense du monopole des droits royaux face aux importants seigneurs laïques ou dignitaires ecclésiastiques qui prétendent disposer toujours de l'un ou de l'autre. Procureurs et avocats du roi mobilisent alors le meilleur de leur science juridique pour que le Parlement condamne tel duc, comte ou autre important seigneur qui ose exercer certains « droits de souveraineté », comme créer des notaires, légitimer des bâtards, accorder des lettres de grâce, des sauvegardes, nommer des officiers, battre monnaie ou connaître du crime de faux-monnayage... Le débat judiciaire est alors élevé au plus haut niveau de la théorie politique. En 1464, par exemple, lorsque Jean de Bourbon est accusé d'user en son duché du droit d'amortissement, droit d'origine féodale pesant sur les acquisitions foncières du clergé, devenu régalien depuis presque deux siècles, le procureur du roi dénonce, en parallèle, que le duc ose dans les instructions à ses officiers employer le concept de souveraineté : « Le roi est empereur en son royaume et n'y a nul de quelque autorité qui soit qui puisse, ni doive user du mot souveraineté. » Et comme si cela n'était pas assez clair, aussitôt il ajoute : « En ce royaume, il n'y a que un roi, une couronne et une souveraineté. » On le voit. Sous Louis XI, les gens du roi raisonnent au Parlement exactement comme les légistes vers 1300 dans leurs mémoires. Deux siècles durant, contre les vestiges de féodalité, la défense concrète des droits régaliens a ainsi été arrimée à la notion de souveraineté, enfantée par la maxime *Rex imperator in suo regno*.

✧

La notion de souveraineté va demeurer sous l'Ancien Régime débitrice de sa native enveloppe médiévalo-romanisante. Au XVIe siècle, lorsque Bodin expose les « vraies marques de souveraineté » (*République*, I, 10), il le fait en ancien avocat au parlement de Paris, invoquant ces « droits Royaux propres à la majesté », « de leur nature incessibles, inaliénables et imprescriptibles ». Il sollicite constamment les commentaires des grands représentants de la science juridique médiévale, il mentionne même dans de surabondants *marginalia* la localisation exacte des passages dont il s'inspire (ces précisions portées en marge du texte ont disparu des éditions modernes).

Il ne faut pas se demander pourquoi les derniers Bourbons se firent représenter en empereurs romains. Ni trop s'étonner de la formulation de cet article 1er (titre premier) de la Constitution de l'an XII (18 mai 1804) : « Le gouvernement de la République est confié à un Empereur, qui prend le titre d'Empereur des Français. »

Le roi législateur

Ce que le *Corpus iuris civilis* avait révélé à ses premiers commentateurs médiévaux de plus tranchant, de plus fascinant, c'était l'image du prince-législateur. Le *Code de Justinien* délivrait plus de quatre mille six cents *leges imperiales* qui montraient le souverain antique légiférant, sans dépendance ni partage, dans tous les domaines de la vie sociale et pas seulement politique. Or, depuis 884, la royauté en France n'avait plus promulgué de texte à portée générale et obligatoire. La renaissance du pouvoir législatif en Occident a naturellement été liée à la découverte de la législation antique.

Le premier texte capétien s'apparentant à une loi apparut en 1155. Ce fut une ordonnance de Louis VII instaurant au royaume une paix générale pour dix ans. Son fils Philippe Auguste (1180-1223) légiféra ensuite une vingtaine de fois. Cette renaissance s'effectua dans un contexte féodal et demeura assez longtemps freinée par l'obligation pour le roi d'y associer les grands barons dès lors qu'il ambitionnait pour sa mesure une application en dehors de son domaine direct. C'est à partir de Saint Louis et sous Philippe III que cette contrainte évolue sensiblement. Alors le Capétien, tout en continuant de demander l'assentiment de ses vassaux, se contente d'obtenir celui des principaux : son texte législatif signale simplement qu'il a été arrêté « du commun conseil des barons ».

C'est sous Philippe le Bel que la machine législative se met en route. On dénombre pour son règne, émanant de la Chancellerie, environ deux cent cinquante textes à large et contraignante portée. Jusqu'en 1789, le royaume producteur de la plus abondante législation sera celui du Capétien. Montaigne aura beau déplorer qu'il y a en France « plus de lois que le reste du monde ensemble », la confiance dans les bienfaits de la loi animera la politique de nos rois et de leurs grands ministres.

Dans la *Disputatio inter clericum et militem*, une fois démontré que le partage de Verdun (843) n'a pas entamé la souveraineté du monarque français, voici le propos que le chevalier assène au clerc : « De même que l'empereur peut donner des lois à tout son empire, y ajouter ou y retrancher, de même le roi de France peut rejeter toutes les lois impériales, ou bien les modifier comme il lui plaît, ou encore les proscrire et les abolir dans tout son royaume, et en promulguer de lui-même s'il lui plaît. » On reconnaît dans l'emploi réitéré du verbe « plaire » la maxime du grand jurisconsulte Ulpien, placée au début du *Digeste* : « Ce qu'il a plu au prince d'ordonner a force de loi » (*Quod principi placuit legis habet vigorem*). Dans les ouvrages des baillis du temps de Louis IX et de Philippe III cette formule n'apparaissait que de façon incidente et sans grandement tirer à conséquence. La voilà dorénavant, du fait de l'essence impériale reconnue à la royauté française, parfaitement exploitée pour proclamer sa toute-puissance normative : « Contenez donc votre langue, lance encore le chevalier au clerc, et retenez que le roi par sa puissance royale préside aux lois, aux coutumes, aux privilèges et aux libertés concédées. » Les années 1300 marquent incontestablement la naissance d'un absolutisme normatif ouvertement revendiqué par les intellectuels proches du pouvoir royal.

Le plus remarquable, pour notre propos, est l'inscription simultanée d'un tel absolutisme dans la structure et la langue même des textes législatifs, lesquels émanent de la Chancellerie, authentifiés par le grand sceau.

Le style des lois

Tout se passe, à partir du règne qui nous occupe, comme si au sommet du pouvoir la Chancellerie avait décidé de faire de chaque intervention législative l'occasion d'une communication politique directe du roi. Qu'il s'agisse d'un « établissement », d'une « ordonnance » ou d'un « édit », le texte législatif débute par l'adresse du roi aux sujets. Exemple : « Nous, Philippe, roi de France – ou roi des Francs – par la grâce de Dieu, à tous ceux qui verront ou oïront la présente ordonnance, Salut. » Établi sous cette forme mi-solennelle mi-familière, le contact personnel est maintenu tout au long du préambule. Rarissime sous Philippe Auguste, sans vigueur sous Saint Louis, le préambule législatif renaît avec Philippe le Bel. La crue quantitative et la tendance autoritaire de sa législation requièrent de fortes explications. L'emploi du « Nous » de majesté n'engendre aucune distance. Sans perdre de sa hauteur, la royauté se dévoile.

Le préambule sert tout d'abord à une mise en contexte théologique et morale du commandement. En quelques phrases, le roi montre son désir d'agir en défenseur de la foi, en pasteur responsable de son troupeau, en fidélité avec le vénérable exemple de ses prédécesseurs. Il n'est pas exceptionnel qu'un verset de la Bible vienne orner ces considérations liminaires. Avec plus d'insistance, le roi explique n'avoir d'autre intention que de servir la justice, le bien commun, l'utilité publique, conditions de l'ordre et de la paix au royaume... Il ne s'agit pas de s'automagnifier. Certes, les vocables, les expressions et les tournures assez ampoulées qu'utilise parfois la Chancellerie empruntent aux formulaires et à la rédaction des actes pontificaux, eux-mêmes tout imprégnés de rhétorique impériale. L'on remarque aussi que l'emphase des préambules croît au fil du règne en même temps que leur longueur. Mais quelle que soit la performance littéraire, le but recherché ne varie pas : exhiber la conception extrêmement pure que le roi législateur se fait de son office royal. Ce que les préambules entonnent, en quelques phrases, c'est le message authentique des miroirs du prince.

En continuité immédiate, parfois en incrustation, le préambule rend compte des faits à l'origine de la décision. Il fournit alors un véritable exposé des motifs. Le roi ne manque jamais de faire valoir qu'il intervient (tel est bien le cas le plus fréquent) à la « requête » ou bien à la « prière » de tels ou tels sujets, de telle institution, ville, ordre ou communauté. Dans les ordonnances les plus impopulaires, monétaires, fiscales, il insiste sur l'urgente ou évidente nécessité dans laquelle se trouve le royaume face à la guerre ou la menace de guerre, il décrit avec force détails ce qui le place dans l'obligation de légiférer. Le préambule des ordonnances qui interdisent les guerres privées passe en revue les différents types de violences, les pièges, les homicides, les incendies de maisons et de cultures, dépeint l'horrible criminalité qui met en demeure le monarque successeur de Saint Louis d'éradiquer définitivement ces coutumes exécrables. Le roi peut dans un même mouvement se déclarer affligé des souffrances que les sujets endurent et n'avoir pas de mots assez forts contre les fauteurs de troubles. Il arrive enfin que la Chancellerie de Philippe le Bel donne au préambule la dimension et l'allure d'une véritable dissertation. Dans l'ordonnance de juillet 1312 portant règlement des études à l'université d'Orléans, est explicitée sur plusieurs pages la place du droit romain dans l'ordonnancement juridique du royaume ainsi que l'union indispensable de la justice et de la science. En voici quelques lignes : « Philippe, par la grâce de Dieu roi de France. Nous faisons savoir à tous présents et à venir que suivant l'exemple de nos prédécesseurs, nous sommes fidèles à la foi catholique par laquelle nous vivons dans le Seigneur Jésus-Christ qui est la voie, la vérité et la vie, favorisant de tout notre cœur la justice par laquelle nous régnons dans le Seigneur que nous et notre royaume reconnaissons [...]. L'apprentissage de la doctrine est donc bien nécessaire, qui permet d'imprimer à l'âme humaine la science du bien et du mal, qui enseigne la prudence et la sagesse par laquelle "*les rois règnent et les puissants rendent la justice*" [*Proverbes*, 8, 15] [...]. C'est pourquoi il a plu à nos prédécesseurs et il nous plaît à nous-même que l'étude des lois séculières et du droit écrit [romain] soit assurée dans les lieux renommés de notre royaume [...] surtout pour favoriser le recours à l'équité et à la raison dont on fait là usage pour juger les procès chaque fois que font défaut les précédents judiciaires, les constitutions ou ordonnances de nos ancêtres ou de nous-même, toutes choses que nous plaçons avant la coutume », etc.

Quand bien même versent-ils quelques fois dans la harangue, les préambules législatifs de Philippe le Bel se veulent de plus en plus explicatifs de la bonne information et mûre réflexion ayant présidé à la décision. Leur fonction vise dès lors à convaincre de la rationalité du commandement qui va suivre dans le dispositif. Ruse de la communication officielle ? La vérité est que le souverain se trouve alors mis en demeure de se montrer législateur à bon escient. Il gouverne, nous l'avons souligné au chapitre précédent, escorté d'hommes de savoir et sous le regard d'une opinion de plus en plus lettrée. Comme Gilles de Rome l'a bien mis en avant dans son manuel d'éducation royale, le souverain ne saurait agir autrement qu'en être d'intelligence et de raison.

Dès lors que le roi de France légifère d'abondance, il doit se placer dans la stricte observance de la doctrine législative élaborée par les plus grands théologiens et les juristes faisant autorité. Chez les premiers, saint Thomas d'Aquin avait ouvert la voie, notamment avec son traité *De lege* placé dans la *Somme théologique*. Il y développait, pour notre propos, deux enseignements fondamentaux. En premier lieu, la loi humaine n'est pas un acte de pure volonté. Pour que la volonté du prince ait force de loi, il faut que cette volonté soit « régulée par la raison » (*ratione regulata*). Une loi non conforme à la droite raison (*recta ratio*) est une perversion de loi, une loi injuste. Lui obéira-t-on ? En second lieu, outre sa conformité à la loi divine et naturelle, le critère de la bonne loi est son attache au bien commun, entendu comme ce qui tend à l'élévation morale – et pas seulement aux besoins matériels – des sujets. Ainsi le docteur angélique définissait-il la loi : « Un ordre (*ordinatio*) de la raison en vue du bien commun, promulgué par celui qui a la charge de la communauté. » Dans le champ juridique, les légistes avaient en abondance glosé cette affirmation d'Ulpien au *Digeste* (1, 4, 2) : « S'agissant d'établir de nouvelles lois, l'utilité doit être évidente pour que l'on s'écarte d'un droit qui a longtemps paru juste. » Même les plus favorables à la puissance du prince considéraient l'*utilitas publica* comme la fin obligée des actes émanant de sa volonté souveraine. Les canonistes, reconnaissant eux aussi au roi l'exclusivité du pouvoir législatif, avaient tôt fait de poser comme condition de toute loi l'existence d'une raisonnable cause (*causa rationabilis*). Enfin, théologiens, philosophes et juristes se rejoignaient tous dans l'obligation de légiférer « par très grand conseil », seule la délibération avec des hommes instruits et expérimentés pouvant garantir la raisonnable cause mouvant le législateur souverain.

Quel que soit l'objet du texte législatif, à partir de Philippe le Bel, on trouve au préambule, plus ou moins enchevêtrés mais toujours saillants, les principaux traits de la doctrine législative thomiste et romano-canonique. À ce monarque qui, loi après loi, bouscule principes, coutumes, privilèges, traditions, il faut chaque fois impérativement montrer qu'il agit *ex causa*, expliquer combien la cause est juste et raisonnable. Les chancelleries des monarques postérieurs emboîteront énergiquement le pas. La justice, la paix, l'ordre, le bien commun, la prospérité des sujets, toutes ces médiévales bonnes raisons demeureront des invariants de la motivation de la loi, dans des préambules de plus en plus longs. En outre, devenu un instrument incessant de la communication politique de l'État monarchique, le préambule ira s'enrichissant, quant au fond, des idées politiques de chaque époque. Quand Louis XVI légiférera pour adoucir les formes de la procédure criminelle (1er mai 1788, déclaration de Versailles), un magnifique préambule présentera la volonté royale de réforme guidée par « le seul progrès des lumières », par la nécessité de rapprocher la loi pénale de « la raison publique », d'élever « au rang des lois les résultats de l'opinion publique », de « punir les malfaiteurs avec toute la modération que l'humanité réclame »...

« *De certaine science, autorité et pleine puissance...* »

Le préambule constitue la première partie du texte législatif. Le dispositif la seconde. Dans le passage de l'un à l'autre, la Chancellerie de Philippe le Bel innove de manière décisive. Après que le préambule nous a découvert une psychologie royale tout empreinte de scrupules, l'annonce du dispositif tranche aussitôt par son extrême fermeté. Un tel basculement de style devient systématique au sein de la législation royale, et ce jusqu'à la Révolution.

Il trouve son départ dans l'ordonnance du 9 janvier 1304 prohibant les guerres privées et gages de bataille. Ayant énuméré les malheurs que ces mauvaises coutumes engendraient pour la paix et la prospérité du royaume et rappelé les interdictions de Saint Louis, Philippe le Bel prend une pose on ne peut plus impériale, expressive d'un suprême volontarisme : « Du conseil des prélats et barons et de certaine science, autorité et plénitude de puissance nous supprimons entièrement, nous annulons, nous cassons, nous anéantissons et abolissons totalement [...]. » Si l'indication du conseil des prélats et des barons est susceptible de rassurer, le martèlement des verbes à forte synonymie impressionne : « Nous supprimons entièrement, nous annulons, nous cassons, nous anéantissons et abolissons totalement. » Mais, à l'épicentre du texte de l'ordonnance, c'est la triple affirmation « et de certaine science, autorité et pleine puissance » qui tranche avec les rédactions précédentes, et qui est la plus démonstrative du changement radical de posture. Voyons de quoi il retourne.

Avant 1304, assez exceptionnellement, des lettres patentes invoquaient soit « l'autorité royale » (*auctoritas regia*), soit « la plénitude de puissance » (*plenitudo potestatis*). Cette ordonnance-ci, en plus de réunir ces deux expressions, les accroche à la « certaine science » (*certa scientia*) du roi. Le fait mérite d'autant plus d'être souligné que cette manière ternaire de déclarer, après un précautionneux préambule, la toute-puissance normative du roi va être perpétuée. Sous l'Ancien Régime, des milliers de textes législatifs, ordonnances, édits ou déclarations royales comporteront en transition du préambule et du dispositif une formulation héritée de celle sécrétée en 1304 (du type : « À ces causes, par bonne et mûre délibération de notre Conseil, et de notre certaine science, pleine puissance et autorité royale, disons, statuons, voulons et ordonnons ce qui suit... »).

Que viennent signifier tout spécialement ces trois vocables : l'autorité, la pleine puissance et la certaine science ? En droit public romain, le sénat disposait à l'époque républicaine de l'« autorité » (*auctoritas senatus*), plus tard l'empereur (*auctoritas principis*). Le concept d'*auctoritas* désignait cette forme de suprématie consistant à confirmer la décision d'un autre organe, ou à exercer sur lui le pouvoir du dernier mot. Bien distingué de la *potestas* qui désignait, elle, la capacité à gouverner et à administrer, pour ainsi dire une simple puissance, il n'avait jamais quitté la langue politique des clercs durant le haut Moyen Âge. Les clercs partisans de la supériorité des évêques sur les puissances séculières invoquaient l'*auctoritas episcopalis* s'exerçant sur ces dernières. À partir de la réforme grégorienne, les papes proclamèrent la *potestas regalis* subordonnée à l'*auctoritas pontificum*.

En vertu de leur *auctoritas apostolica*, ils estimaient pouvoir à tout moment intervenir soit pour légitimer les actes de la puissance royale, soit pour les invalider. On comprend que les royautés diverses aient aussitôt combattu ce concept clé de la théocratie pontificale en faisant valoir leur « autorité royale » (*auctoritas regia* ou *regalis*) dans toutes sortes de textes, puis, à l'imitation de ces papes ne lésinant pas sur les épithètes, en invoquant à leur tour une autorité « supérieure » (*auctoritas superioris*), « suprême » (*auctoritas suprema* ou *summa*)... À moins de laisser le champ libre à la contestation de ses volontés, un roi devenu législateur ne pouvait manquer, à chaque occurrence, de rappeler son « autorité » beaucoup plus que sa « puissance ». Ce n'est d'ailleurs pas le terme de « puissance royale » que la Chancellerie de Philippe le Bel va privilégier, mais celui de « plénitude de puissance ».

De tous les vocables médiévaux de la souveraineté, la « plénitude de puissance » est celui qui induit le plus l'identification au pouvoir absolu. *Plenitudo potestatis* est encore une expression empruntée à la Chancellerie pontificale, qui y avait recours dans toutes sortes d'actes depuis l'un des papes les plus politiques du Moyen Âge, Innocent III (1198-1215). Son emploi réitéré avait suscité chez les canonistes d'amples discussions. Agissant *de plenitudine potestatis*, expliquaient-ils, le pape peut décider *supra ius* ou même *contra ius*, au-dessus ou à l'encontre du droit positif. Sa pleine puissance, *plena* ou *plenaria potestas*, légitime tous ses actes de juridiction et de gouvernement susceptibles de contrarier les règles et pratiques antérieures de l'Église. Situant l'autorité du pape à l'extérieur du champ juridique, elle en exclut toute limitation par la coutume ou par la loi. Au pape agissant de sa pleine puissance personne ne peut demander : « Pourquoi agis-tu ainsi ? »

Le plus fameux des canonistes du milieu du XIIIe siècle, Hostiensis, avait même affiné la pensée politique officielle en suggérant deux nouvelles acceptions de la *plenitudo potestatis* : la *potestas ordinata* et la *potestas absoluta*. Ce terme de *potestas absoluta* servait aux théologiens à exprimer le pouvoir proprement divin de Dieu, où droit et puissance se confondent, distingué du pouvoir qu'il exerce relativement à l'ordre des choses créées par lui, le pouvoir ordonné. Hostiensis transfère donc ce double registre de la puissance divine sur le pape *vicarius Dei*. La « puissance ordonnée » du pape s'exprime quand il agit dans le cadre des normes en vigueur. C'est la forme courante, ordinaire de sa plénitude de puissance. Mais dans certains cas, il peut « de puissance absolue » exercer un pouvoir extraordinaire, sans raison ni limite de droit. Ainsi lorsqu'il juge nécessaire de dispenser d'un vœu, de déposer un dignitaire ecclésiastique... Il lui suffit pour ce faire d'inclure dans son acte une clausule dérogatoire indiquant sans autre justification qu'il décide « de grâce spéciale » (*de gratia speciali*), ou « nonobstant la loi » (*nonobstante lege*), ou encore « de certaine science » (*ex certa scientia*).

La « certaine science » n'est donc pas venue se loger par hasard dans les textes législatifs de la royauté. À la fin du Moyen Âge, pour l'avoir appris de la bouche des maîtres ou dans les livres de droit romain ou de droit canonique, aucun juriste, aucun officier royal digne de ce nom n'ignore que « ce que le prince fait de certaine science veut dire qu'il le fait de pleine puissance », que « la certaine science du prince tient lieu de juste cause » (Balde). La mention de la « certaine science » atteste l'usage pleinement assumé de la puissance absolue, la volonté du roi d'invalider le droit antérieur sans que l'on puisse l'interroger sur ses motifs. Peut-être la clause « de notre certaine science » apparaîtra-t-elle au siècle des Lumières bien usée. Pourtant, en clôture de préambules montrant le roi agissant *ex causa*, elle maintiendra jusqu'à la fin l'idée qu'il peut légiférer en conscience contre la loi commune.

Ce n'est pas tout. La très juridique et très éloquente invocation de l'autorité, de la pleine puissance et certaine science du roi, sur un mode ternaire ou binaire, a également pris place, là encore jusqu'à la fin de l'Ancien Régime, au sein des actes à portée particulière, qu'il s'agisse de lettres de don, de lettres de nomination, de confirmation, de lettres de justice (de rémission ou d'abolition de peine), voire de simples mandements. Quand on sait que la plupart des actes issus de la Chancellerie étaient sollicités, on imagine que les vocables de cet absolutisme normatif, loin d'émouvoir leurs destinataires, les confortaient au contraire dans l'idée, chère aux légistes et même à Gilles de Rome, que le prince était « la loi vivante ». Ceux qui s'opposèrent à cet absolutisme se sont trouvés chez les élites judiciaires, certainement pas dans la masse des sujets ordinaires.

La majesté royale

Pour ainsi prétendre à la totale maîtrise de l'ordre juridique, il faut justifier d'une sorte d'immanentisme en sa personne. Ici intervient le concept de majesté. Au sein du lexique de l'État monarchique, c'est le plus expressif de la grandeur. En lui se trouvent subsumées l'idée de souveraineté et celle de toute-puissance. Bodin, quand il définira la souveraineté, rappellera que les Latins nommaient celle-ci la *majestas*.

À Rome, ce concept avait d'abord été employé pour signifier l'insigne supériorité du *populus romanus* sur les peuples conquis, puis pour singulariser en droit public interne le statut supérieur de la *civitas*, de la *res publica* et de ses dirigeants. Au dernier siècle de la République apparurent les premières lois sanctionnant les actes venant diminuer (*minuere*) cette majesté. À partir d'Auguste, des lois dites « de majesté » (*leges majestatis* ou *de majestate*) vinrent protéger le *princeps* des atteintes à sa personne, qualifier de plus en plus largement le crime dit « de majesté » (*crimen majestatis*), en ajoutant au complot et à la trahison les actes, les paroles, les libelles offensant l'empereur, la divination, la magie… Elles assortissaient en même temps ce crime sacrilège de pénalités exorbitantes du droit commun, la mort exclusivement, avec confiscation des biens du coupable.

Ni le mot *majestas* ni le crime de majesté ne disparaissent à l'époque franque. Ce qui tend à se perdre aux premiers siècles du Moyen Âge, c'est la répression effective de la lèse-majesté, laquelle demande un appareil militaro-policier et judiciaire dont les rois francs ne disposeront pas, à l'exception, peut-être, de Charlemagne. Mais ce que gagne, pour ainsi dire, le concept de *majestas*, c'est son rattachement à la Divinité. Dès les premiers Pères de l'Église, la majesté de référence devient celle du Dieu unique et omnipotent, créateur du ciel et de la terre. Ce que Bossuet signifiera encore dans sa *Politique* (V, IV, I) : « La majesté est l'image de la grandeur de Dieu dans le Prince. »

Invoquer au Moyen Âge une « majesté royale » suppose que le droit divin des rois soit parfaitement reconnu, que leur pouvoir ne soit pas jugé inférieur à celui du pape et des évêques. De courte durée sous Charlemagne, le renouveau du concept de majesté royale ne se manifeste véritablement qu'à partir du XIIe siècle. Contre la tendance grégorienne à la désacralisation des rois, de grands lettrés font alors du *princeps* une *imago Dei*, un *vicarius Dei*. Le XIIe siècle est aussi le moment où légistes et canonistes glosent les constitutions de Justinien proclamant la majesté de Dieu comme la source du pouvoir impérial.

En France capétienne, il semble que la problématique de la paix, avec, en arrière-plan, le serment du sacre de protéger les églises et le peuple chrétien, ait constitué la première voie d'affirmation d'une *majestas regia*. La *Vie de Louis VI le Gros*, écrite par Suger vers 1140, montre dans son intention apologétique un fort emploi de la notion de majesté. Abbé de Saint-Denis, conseiller de Louis VI et bientôt régent du royaume (sous Louis VII), Suger narre les infatigables équipées de son héros pour châtier dans toute l'étendue du royaume les « tyrans » infracteurs de la paix. Parce qu'il porte en lui « le pouvoir de la majesté royale », il le montre confondant ou massacrant pieusement ces seigneurs criminels et impies. Suger est hanté par le souvenir de la grandeur carolingienne. Sous sa plume, l'énergie pacificatrice de Louis VI traduit la volonté retrouvée de faire rayonner une majesté royale trop longtemps assoupie : « Survenait-il quelque part [...] quelque chose de contraire à l'intérêt de la majesté royale, il ne supportait à aucun prix que le fait restât sans vengeance... »

Sous Philippe le Bel, l'évocation de la *majestas* du roi de France dépasse le champ littéraire pour entrer dans le champ concrètement politique. Nombreux sont dès lors les textes de la Chancellerie relatifs à la paix du royaume qui fustigent les infractions perpétrées « contre » la *regia majestas* ou « au mépris » de celle-ci. Si les qualifications précises du crime de lèse-majesté sont encore rares, la manière dont sont dénoncés les cas flagrants de « bris de paix » (*fractio pacis*) indique que c'est bien à ce crime hors norme que la Chancellerie pense. Il lui arrive même de signifier que tout forfait accompli au préjudice des gens d'Église et du commun peuple doit sans hésiter être considéré commis « au déshonneur et en offense de notre majesté royale ».

Ce ne sont pas là des incantations. Car ce vocable expressif de la grandeur suprême devient très prisé des officiers locaux chargés de faire respecter la législation de paix. Les écrits politiques de Pierre Dubois, avocat royal au bailliage de Coutances, témoignent remarquablement du commun sémantisme juridico-politique entre le sommet du gouvernement et la base de l'administration. Ce légiste de province est passé à la postérité pour son traité sur le recouvrement de la Terre sainte, dont nous reparlerons. Mais le mémoire qu'il rédigea auparavant, à la fin de 1300, est lui aussi d'un grand intérêt. Intitulé *De l'abrègement des guerres et procès du royaume des Francs*, les plans qu'il y expose ont pour raison et horizon la suprême grandeur de la royauté française, une majesté tenue pour évidente. L'auteur s'adresse directement au roi. Sur les trente-quatre folios du texte, la *majestas* revient une cinquantaine de fois avec ces formulations : « S'il est vrai que Votre Majesté..., qu'il plaise à Votre Majesté..., Sa Majesté royale peut..., il importe à Sa Majesté royale..., Sa Majesté royale pourra... » Au début et vers la fin du mémoire, le légiste s'incline encore plus devant son destinataire : « Sa Très Excellente Majesté royale a vu..., Sa Sainte Majesté royale..., Sa Très Haute Majesté royale... » Cette manière systématique de s'adresser au roi, ou de parler de lui, fait songer aux formes antiques de l'*adoratio* de la pourpre impériale et aux hyperboliques paroles de vénération prononcées à Byzance face à l'*autocrator*. On songe aussi aux métaphores sacralisantes portant aux nues les empereurs Hohenstaufen au XIIe siècle, et à cette *Sacra Majestas* constamment brandie dans les textes de la Chancellerie de Frédéric II au siècle suivant. Dans ce mémoire adressé à Philippe le Bel par un simple officier royal, l'emploi réitéré et comme automatique du « Sa Majesté » ou du « Votre Majesté » pose au moins deux questions. Refléterait-il au-delà, dans le langage de Cour, l'effacement de locutions à consonance féodale, telles que « roi notre sire » ou « mon souverain seigneur » ? Le « Votre Majesté » martelé par ce légiste normand indiquerait-il aussi que, dans la gestuelle curiale à l'époque de Philippe le Bel, le genou à terre devient prosternation ?

Il est en tout cas bien certain que la *majestas regia* de notre roi a été concrètement mise en mouvement dans les actions les plus fracassantes de son gouvernement. Il nous faut y consacrer un chapitre spécial. Contre des évêques, contre le pape, contre les templiers, contre les privilèges ecclésiastiques aussi, l'énoncé de la majesté royale, soit de la puissance incoercible du Capétien, n'a cessé de doter l'État royal d'une sacralité spécifique, facilement opposable à celle de l'Église.

VI

L'ÉGLISE AU PIED DU TRÔNE

Philippe IV le Bel n'a pas seulement terrassé un pape dominateur, en son royaume il a sévèrement fait courber le clergé. Cette double opération de force, menée sur fond de guerre d'idées, aura instauré le cadre et la tonalité des relations de l'État français et de l'Église jusqu'au début du XIXe siècle.

Point de théocratie pontificale en France

Ce sont les injonctions théocratiques de Boniface VIII qui servirent de détonateur. Dans la très agressive bulle *Ausculta fili* (1301), puis la très dogmatique bulle *Unam sanctam* (1302), ce pape sexagénaire réactiva le langage théologico-politique de ses grands prédécesseurs, en particulier Innocent III et Innocent IV qui, dans le sillage de la réforme grégorienne, avaient combattu au XIIIe siècle pour conserver une forme de supériorité temporelle sur les princes. Arguant du vicariat christique du successeur de Pierre, leurs décrétales avaient affirmé le pouvoir romain de corriger, *ratione peccati*, les souverains laïques. Certaines, usant de formules plus absolues, allèrent jusqu'à déclarer que le glaive temporel appartenait au pape « par nature et en puissance », en plus du glaive spirituel. C'est cette doctrine de la théocratie pontificale que Boniface VIII relance avec exaltation et morgue à la face de Philippe le Bel, pour le rappeler au respect des immunités ecclésiastiques, plus encore pour le menacer de réunir à Rome un concile de l'Église de France afin de juger sa politique intérieure, éventuellement de l'excommunier.

Songeons que la théocratie pontificale avait eu ses moments de gloire. En 1177, Alexandre III avait obtenu la soumission de Frédéric Barberousse. En 1209, Innocent III avait excommunié Jean sans Terre, l'année suivante Otton de Brunswick. En 1213, la monarchie anglaise s'était reconnue vassale du Saint-Siège. En 1245, au concile de Lyon, Innocent IV avait fulminé contre l'empereur Frédéric II une sentence de déposition. L'échec de ce dernier face aux armées du pape puis la longue vacance du trône impérial (1250-1273) avaient somme toute consacré le « gouvernement universel » (*regimen universale*) revendiqué par ces souverains pontifes sur les puissances temporelles du monde chrétien. On peut comprendre que Boniface VIII, au tempérament irascible et autoritaire, ait fulminé dans *Clericis laïcos* (1296) qu'en levant des décimes sur le clergé français sans permission pontificale Philippe le Bel « offense les yeux de la divine majesté » ; comprendre aussi que cinq ans après, le Capétien ayant fait arrêter un évêque (Bernard Saisset) pour le juger lui-même, en violation flagrante du privilège du for ecclésiastique, ce pape ait cru, dans *Ausculta fili* et *Unam sanctam*, devoir le tancer plus encore et formuler à son encontre les avertissements les plus graves, en stricte application de la doctrine théocratique : « Quiconque résiste au pouvoir spirituel résiste à l'ordre établi par Dieu et risque d'imaginer, comme Manichée, deux principes : ce que nous jugeons faux et hérétique. » Pour

Boniface VIII, pape conservateur, subtil et virulent juriste, l'État non intégré à l'Église était une institution diabolique.

C'est cette conception que l'expédition d'Anagni de septembre 1303, l'assaut du palais pontifical, les violences sur la personne même de Boniface VIII et sa mort à Rome un mois plus tard ont rapidement fait voler en éclats. L'idéal apostolique romain d'une Chrétienté soumise à un principe d'unité, spirituelle et temporelle, avait pu être entretenu tant que la papauté, en lutte quasi perpétuelle avec les empereurs germaniques, avait ménagé les monarques français. Ceux-ci n'avaient pas de leur côté ressenti grand besoin de prendre parti, ni de discuter de prétentions universalistes qui ne les visaient pas directement. Mais qu'un litige franco-romain dégénère en conflit, ce qui arrive en 1296 à propos d'une levée de décimes, qui rebondit en 1301 avec l'arrestation de l'évêque de Pamiers (Bernard Saisset), et le rapport des forces matérielles est trop déséquilibré pour que la victoire du Capétien n'ait rien que de très prévisible.

La grossière brutalité avec laquelle Philippe le Bel et son entourage réagirent aux bulles bonifaciennes devait longtemps frapper les historiens, prompts, par exemple, à citer le début de cette lettre : « Philippe, par la grâce de Dieu roi de France, à Boniface qui se présente comme le souverain pontife, petite salutation, voire aucune. Sache ta Très Grande Sottise que nous ne sommes sujet à personne au temporel, etc. » Comment ne pas s'étonner encore de l'énormité des attaques et des outrances verbales de Guillaume de Plaisians, à l'assemblée parisienne de juin 1303 ? Devant cinq archevêques, vingt et un évêques, onze abbés, une dizaine de membres du Conseil et de l'Hôtel, un grand nombre de nobles et de maîtres de l'université, et reprenant un dossier préparé par Guillaume de Nogaret, il asséna : Boniface ne croit pas à l'immortalité de l'âme... Il ne croit pas en la présence réelle dans l'eucharistie... Il dit que la fornication n'est pas un péché, pas plus que les pratiques solitaires... Il fait ériger sa propre statue dans les églises, poussant ainsi les fidèles à l'idolâtrie... Il a un démon familier dont il prend conseil, il consulte les devins et les pythonisses... Il fomente de tout son pouvoir les discordes et les guerres... Il est homosexuel, de l'aveu général... Il a fait commettre plusieurs homicides en sa présence, se réjouissant et encourageant les coups...

Il est loisible aujourd'hui de ne plus s'émouvoir de ce déferlement d'accusations. Au Moyen Âge, Dieu invitant à la miséricorde, détruire un ennemi politique suppose de le charger des plus irrémissibles péchés. Boniface VIII n'était pas un ange. Cardinal, il n'avait guère été apprécié du Sacré Collège, et après la soudaine abdication de son prédécesseur Célestin V des rumeurs avaient aussitôt plané sur les conditions de son élévation à la tiare. Les accusations publiques de « bougrerie » et d'autres crimes épouvantables faisaient écho à une réputation passablement salie par ses nombreux adversaires italiens, au premier rang les Colonna réfugiés en France. Au roi et à son entourage avaient aussi été rapportés certains propos injurieux proférés de la bouche même du pape contre le royaume. D'où ces autres griefs de Guillaume de Plaisians : Boniface a dit qu'il aimerait mieux être un chien ou un âne qu'un Français ; que pour abattre le roi de France et les Français il précipiterait à l'abîme, s'il le fallait, sa personne, toute l'Église et l'univers entier ; il traite publiquement les Français de patarins, dit qu'il poursuit la France et son roi en haine de la foi, parce que la France est le meilleur soutien de la Chrétienté, etc. Retenons qu'à la suite de ce réquisitoire le roi put dénoncer au monde

Boniface VIII comme hérétique et en appeler au concile pour le juger.

Au demeurant, déférer un pape devant un concile universel n'était pas une proposition saugrenue. La question faisait débat entre les canonistes les plus respectés depuis plus d'un siècle et demi. D'aucuns avaient admis qu'un tel concile pouvait juger le pape reconnu hérétique ou constater son hérésie. Leurs gloses n'ont évidemment pas échappé aux théologiens proches de Philippe le Bel. Le dominicain Jean de Paris leur emprunte beaucoup dans son *De potestate regia et papali* lorsqu'il explique que si l'institution pontificale a Dieu pour origine, le pouvoir juridictionnel (*jurisdictio*) du souverain pontife, lui, conféré par l'élection, peut être repris par le collège des cardinaux ou le concile général non seulement pour hérésie, mais aussi pour crime notoire ou incapacité. Un mauvais pape peut être jugé. La doctrine conciliaire est alors en formation, elle ne manque pas de soutiens chez les dominicains français.

À cette assemblée parisienne de juin 1303 l'on doit noter la présence de Guillaume Durand (le Jeune), évêque de Mende. Car, peu de temps après, dans un *Tractatus de modo generalis concilii celebrandi* (1308-1311), ce prélat en appellera à une réforme intégrale de l'Église, *in capite et in membris*. Composé à l'approche du concile de Vienne, où il s'illustra, son traité expose la première doctrine authentiquement conciliariste. Exploitant diverses traditions textuelles, il affirme que le chef de l'Église ne peut établir de normes générales sans avoir convoqué le concile, lequel, en tout état de cause, doit être périodiquement réuni. Ainsi les idées de Guillaume Durand le Jeune anticipent-elles le vaste mouvement de contestation qui bouleversera la vie de l'Église à l'époque du Grand Schisme (1378-1417) et jusqu'au concile de Bâle (1431-1440). Durant cette longue période, si dramatique pour l'Église, tous les grands universitaires opposés à l'absolutisme pontifical, les d'Ailly, les Gerson, etc., ont emprunté à ce traité, lequel sera régulièrement réédité à Paris, à Lyon et à Venise jusqu'au XVIIe siècle.

« Roi Très-chrétien » : signification

Dans l'immédiat, ce que les assauts de haine et d'injures contre Boniface VIII traduisent de façon tangible, c'est une inédite et formidable explosion de nationalisme au sommet de l'État. Un nationalisme – nous employons à dessein ce moderne néologisme – fait indissociablement d'antiromanisme et de religion royale. En peu de temps, l'entourage de Philippe le Bel parvient à réduire en poussière la théocratie pontificale et à promouvoir, comme en remplacement, une authentique théocratie royale. Les années 1300 marquent une offensive publique effrénée de sacralisation maximale de la monarchie française.

Le chantre de ce nationalisme fut Guillaume de Nogaret. À la tête de toutes les opérations de propagande, s'impliquant personnellement jusqu'à diriger l'expédition d'Anagni puis se faire l'avocat de la politique de Philippe le Bel auprès des successeurs de Boniface, il n'eut de cesse de justifier la conduite de son maître par l'accomplissement de son devoir de « roi Très-chrétien », de montrer que face à un pape hérétique ce *rex christianissimus* était habilité en tant que « pugiliste et colonne de la foi » (*ut pugil et columna fidei*) à provoquer la réunion d'un concile général pour juger le tyran de l'Église.

L'idée que la royauté française est la plus chrétienne de toutes n'était pas née à la faveur de ce conflit. Elle avait pris forme, associée à celle de la supérieure orthodoxie du peuple franc, dans les *Gesta Dei per Francos*, puis chez les historiographes de Philippe Auguste (Rigord et Guillaume le Breton), avant de pénétrer les chroniques officielles. En 1297, la canonisation de Louis IX avait grandement facilité sa promotion. Si auparavant la lignée capétienne était dite « sacrée », elle pouvait désormais être qualifiée de « sainte ». Comment Philippe le Bel, petit-fils de saint, explique Nogaret, dont les ancêtres ont brillé au-dessus de tous les autres gouvernants en justice, vérité, foi, charité, humilité, dévotion et religion, comment ce roi uni à cette « nation française, nation notoirement très-chrétienne », pourrait-il abandonner la Chrétienté à un pape hérétique ? S'en prendre à ce roi Très-chrétien est une cause de scandale et de destruction pour l'Église entière.

Ainsi prêche ce légiste qui jamais ne dissocie le service du roi du service de la foi, qui pour cela, nous l'avons vu, truffe ses textes et ses discours de références à l'Ancien et au Nouveau Testament. Il faut insister : ce dirigeant, que certains historiens perçoivent encore comme un dangereux illuminé, est très suivi, notamment par des ducs, comtes et barons de France depuis longtemps hostiles aux empiétements pontificaux. La lettre qu'ils adressent aux cardinaux consécutivement à l'assemblée réunie à Notre-Dame le 10 avril 1302, souscrite par trente-deux d'entre eux, illustre leur alignement complet sur la décision royale de livrer la guerre contre Boniface VIII. Quant au clergé, dans sa majorité, régulier ou séculier, il a accepté comme étant très orthodoxes les entreprises gouvernementales contre un pape déclaré persécuteur de la foi. Ainsi ce clergé assura-t-il la couronne de son soutien tout en réservant son attachement à l'institution pontificale. Clément V, le premier des papes d'Avignon, ne pourra faire autrement qu'innocenter Philippe le Bel, en glorifiant ce royaume de France « élu par Dieu » et ses rois « de génération en génération brûlant de zèle pour la foi catholique » (bulle *Rex gloriae*, 1311).

Que l'on ouvre n'importe quel traité politique de la fin du Moyen Âge et l'on voit que cette intellectuelle « surchristianisation » de la royauté française est allée s'amplifiant. À partir de Charles V, il devient systématique chez les propagandistes pro-Valois d'expliquer que le titre de « Très-chrétien » est spécifique, qu'il est le privilège exclusif d'une royauté exceptionnellement productrice de rois-saints, comme Louis IX, assurément, mais aussi Clovis et Charlemagne, qui font alors en France l'objet de tentatives de sanctification. Il devient acquis que Dieu lui-même a voulu, par des « signes célestiels » – la sainte ampoule, le miracle des fleurs de lys, le don de l'oriflamme –, manifester à cette royauté sa confiance et protection particulières. Sous Charles VII le surgissement de Jeanne d'Arc apparaîtra à beaucoup de ces propagandistes comme un autre miracle. Au sortir du Moyen Âge, il est infiniment remarquable que le pape Paul II ait introduit le titre de Très-chrétien dans le protocole des lettres pontificales adressées au souverain français, faisant valoir qu'« il avait vu et lu tant de preuves de dévouement dans la vie des rois de France qu'il croirait ne pas faire son devoir s'il n'appelait pas le roi du nom de très chrétien ». Au moins jusqu'à Louis XIV, les Capétiens arboreront cette stature hors pair dans leurs relations avec le Saint-Siège, leur politique étrangère et leur gouvernement.

Sous Philippe le Bel a ainsi été donné le branle à cette conviction d'une alliance directe avec Dieu, gage exceptionnel de supériorité de la royauté française, annonce de l'éternité de la nation France.

L'hérésie, cause royale

Allons jusqu'au bout. Au temps de Philippe le Bel, l'État royal ne se satisfait pas de rejeter l'Église dans le domaine spirituel, il s'arroge lui-même une mission spirituelle. Ce roi dont il est devenu presque banal de dire qu'il est « Très-chrétien », autrement dit le plus chrétien du monde, ne peut se désintéresser des crimes de religion. Nogaret, accusant l'évêque Bernard Saisset d'hérésie, avait clairement signifié que ce qui était « commis contre Dieu, contre la foi ou contre l'Église romaine, le roi le considérait commis contre lui ». Par rapport aux règnes de Philippe Auguste et de Saint Louis, le changement n'a pas tant consisté dans l'aggravation des persécutions antijuives, avec la grande expulsion de 1306, et dans l'intensification de la répression du blasphème que dans la mainmise royale sur le plus grand défi fait à la religion : la perversité hérétique (*heretica pravitas*).

Depuis qu'Innocent III avait qualifié l'hérésie de crime de lèse-majesté divine (bulle *Vergentis in senium*, 1199), les papes s'étaient autorisés comme vicaires de Dieu à intervenir en tous lieux. L'Inquisition, créée pour éliminer tout particulièrement la dissidence vaudoise et cathare, devait être dans la pensée des papes le plus démonstratif marqueur de leur suprématie. En 1233, Grégoire IX avait annoncé aux évêques de France l'arrivée au royaume des frères prêcheurs établis comme inquisiteurs. L'année suivante, les dominicains étaient intervenus en Languedoc contre les Albigeois à la manière d'une milice pontificale. Il est clair que le pouvoir royal eut alors tout intérêt au succès d'une entreprise visant l'anéantissement des poches de résistance cathares pouvant constituer des espaces de résistance politique. Ces moines, redoutables enquêteurs, étaient également utiles à la recherche et à la répression des juifs relaps, des blasphémateurs, lépreux, magiciens, sorciers, sodomites.

Voilà ce qui change sous Philippe le Bel, au plus fort de la tension avec la papauté. Le roi de France se met d'abord à contrôler le déroulement de l'Inquisition. En 1302, encore en 1303 au cours de sa descente en Languedoc, il apporte son secours aux populations méridionales victimes de ses excès, fait bon accueil au franciscain Bernard Délicieux, ardent porte-parole de celles-ci, donne ordre à l'évêque de Toulouse de restreindre les prérogatives des inquisiteurs, tout cela sans se soucier de l'humiliation qu'il inflige à tous ces fils de saint Dominique qui s'étaient crus à jamais appréciés du Capétien. Les choses sont claires désormais. Même si le catharisme, écrasé sous Saint Louis, n'est plus que résiduel, l'Inquisition dans son principe et ses modalités doit être sous surveillance de l'État.

Philippe le Bel en vient ensuite à exploiter directement le spectre de l'hérésie. Ce crime de lèse-majesté divine offense inséparablement sa majesté à lui, roi Très-chrétien. L'affaire du Temple est exemplaire à cet égard. Le 13 octobre 1307, aussitôt les frères arrêtés, les accusations portées contre eux reprennent les stéréotypes habituels de l'hérésie : reniement du Christ, gestes sacrilèges, pacte diabolique, sodomie, idolâtrie, réunions secrètes. Le 25 du même mois, les conseillers royaux forcent Jacques de Molay, grand maître de l'ordre, à signer une déclaration où l'on peut lire notamment que Dieu vient de révéler les crimes du Temple « par la médiation du ministère du prince très chrétien le seigneur Philippe ». Au début de 1308, dans sa lettre de convocation des prélats de France aux états généraux, le roi expose les crimes énormes des templiers et déclare devoir les combattre en « promoteur » (procureur) du Christ, « comme il revient à notre majesté ». Lors d'un consistoire tenu à Poitiers le 29 mai 1308 par Clément V, Guillaume de Plaisians campe le roi en « vicaire temporel du Christ dans son royaume », « choisi par la Providence divine », le plus à même d'intervenir dans cette affaire, étant un « prince très pieux et très chrétien, très puissant et très fortuné ». Philippe le Bel n'agit pas en accusateur mais en « ministre de Dieu, défenseur de la foi catholique, zélateur de la loi divine », personnellement « tenu de Lui rendre compte de la défense de l'Église », en suprême gardien de la foi, substitué au pape de par sa majesté royale Très-chrétienne.

Il ne faut pas, comme on tendrait de nos jours à le faire, dénier toute sincérité politico-religieuse aux Nogaret et Plaisians, confondre leur intégrisme avec du machiavélisme, analyser l'affaire des templiers comme une machination de l'État royal naissant, indicative d'un certain terrorisme policier. Ces conseillers royaux, hommes instruits, sont comme le roi lui-même en proie au désir violent, ne voulant perdre leur âme, de laver le royaume Très-chrétien de toute souillure et grave péché, a fortiori de n'y laisser se développer aucune trace d'hérésie. La purification du royaume les obsède. Depuis deux siècles, le relâchement des mœurs, l'inconduite, la cupidité, l'abandon des règles dans les rangs de l'Église avaient provoqué une soif de reconquête spirituelle que les ordres mendiants étaient venus incarner et un rigorisme religieux que la royauté depuis Saint Louis partageait avec bien des intellectuels et des couches urbaines. Dans leur phobie de l'hérésie, les grands légistes royaux se montrent à l'image de leur maître parfaitement en harmonie avec une époque où l'on pense, communément, que là où il y a hérésie il y a contagion. Au tout début de l'affaire des templiers, le roi n'omet pas d'invoquer qu'il y a « suspicion véhémente » contre les frères : « Nous qui sommes établi par le

Seigneur sur le poste d'observation de l'éminence royale pour défendre la liberté de la foi de l'Église [...], vu la suspicion véhémente [...] nous avons déclaré que tous les membres dudit ordre de notre royaume seraient arrêtés. » Tant pis si les templiers sont sous protection et tutelle pontificales. Impossible d'attendre, il s'agit d'hérésie au royaume Très-chrétien.

Un usage systématique de la torture sera fait sans attendre à l'encontre des frères, en violation de la procédure inquisitoriale, laquelle soumettait ce moyen de preuve à des conditions strictes. Puis viendra le recours d'autorité aux bûchers, cinquante-quatre templiers brûlés en 1310 sur ordre de l'archevêque de Sens. Après toute la littérature, plus ou moins scientifique, consacrée à cette horrible répression, il faut nonobstant raison garder et considérer la chose suivante : ce qu'historiquement le martyre des templiers illustre n'est pas la cruauté d'un système, c'est l'hystérique emballement de la machine judiciaro-purificatoire une fois lancée par le pouvoir. La maltraitance morale, la torture judiciaire, l'élimination supplicielle d'entières catégories d'individus accusés de grand crime, ce phénomène n'avait rien d'inédit, et il ne fera que progresser. Quand sera créé le Tribunal révolutionnaire en mars 1793, personne ne le pensera capable d'envoyer plusieurs milliers de citoyens à l'échafaud, ce que pourtant il fit en quelques mois.

Pour notre propos, on retiendra surtout que la tragédie des templiers a offert au gouvernement la possibilité de proclamer, quatre années durant, le lien direct unissant la monarchie française à la divinité. Les états généraux réunis à Tours en 1308 et à Lyon en 1312 pour justifier ce nouveau coup terrible porté à la papauté ont constitué à bien des égards des moments de célébration collective sincère, non point artificielle. Car où que l'on regarde, ce n'est pas l'affaire du Temple qui a rendu Philippe le

Bel impopulaire de son vivant, ni auprès de l'aristocratie, de la noblesse, du clergé épiscopal, du clergé régulier, ni même dans la bourgeoisie des villes, encore moins au sein des grands corps de l'État en formation – Parlement, Chambre des comptes... La leçon que démontre la tragédie des templiers est la suivante : les élites françaises marchent toutes derrière le roi lorsqu'il se pose en représentant de la chrétienté militante.

Les malheurs du clergé

Le roi Très-chrétien est comptable de la pureté de la foi en son royaume. Soit. Mais alors quelle indépendance et quelles libertés concrètes pour le clergé de France ?

Afin de bien juger les actes de Philippe le Bel en la matière, il faut avoir égard au fait que l'emprise capétienne sur les biens et la vie du clergé était depuis longtemps considérable. D'abord incombait au roi, en fidélité à la promesse du sacre, la « garde des églises », autrement dit la protection des établissements religieux. Cette obligation de protection s'accompagnait coutumièrement de droits profitables – droit de gîte et de procuration, dédommagement des frais de garde – et d'un droit de présentation d'un candidat aux élections épiscopales ou abbatiales. Si la garde s'appliquait surtout aux églises du domaine et aux églises de fondation royale, donc aux églises des quatre provinces ecclésiastiques du Nord, à partir du XIIIe siècle une théorie de la garde générale du roi sur toutes les églises du royaume vint alimenter les prétentions de l'État. Par ailleurs, les Capétiens avaient hérité des Carolingiens ce droit, nommé la régale, d'administrer le temporel d'un évêché ou d'une abbaye temporairement privés de titulaire. Le roi en percevait les revenus le temps de la vacance, dont il profitait aussi en faisant intervenir ses officiers pour lever des tailles sur les populations. Les évêchés et abbayes ainsi soumis à une forme de royal pillage n'ont pas été rares. Étaient même apparues au XIIIe siècle les premières manifestations de ce que l'on appellera plus tard la régale spirituelle, soit le droit de nommer aux bénéfices – les fonctions ecclésiastiques – qui venaient à se libérer durant la régale. En troisième lieu, le roi disposait d'un droit de collation ordinaire (*pleno jure*) sur certains bénéfices ecclésiastiques d'origine royale ou seigneuriale et sur une quantité de bénéfices sans charge d'âmes – canonicats, chapellenies, prébendes. Enfin, les biens d'église étant des biens inaliénables, dits de mainmorte, la royauté avait de bonne heure obtenu compensation – de ne percevoir jamais sur eux de droits de mutation – par le versement d'une taxe dite d'amortissement. En 1291, quand Philippe le Bel légifère pour augmenter considérablement le taux de l'amortissement, les prélats du royaume n'opposent pas de résistance.

Ce qui a le plus gravement mécontenté le clergé français au XIIIe siècle, ce sont les interventions de la papauté. Restaurée dans son autorité par la réforme grégorienne, elle a commencé de s'introduire dans la collation des bénéfices, surtout dans les provinces ecclésiastiques méridionales, et d'employer tous les moyens possibles pour ponctionner le patrimoine des églises. Sur ce dernier point, alors que Louis IX, très soutenu par le haut clergé mais aussi par les « barons » et les villes, montra plusieurs fois de la fermeté, on ne voit pas que Philippe le Bel ait cherché à systématiquement protéger le clergé français. Combattre les visées fiscales romaines ne fut pas véritablement une préoccupation chez lui, ni chez ses successeurs. Jusqu'au concordat de Bologne (1516), c'est un fait, le clergé français ira pâtissant des calculs, des ruses et des chantages tant de la papauté que de la royauté, décidées l'une et l'autre à le taxer. Il devra même éprouver parfois leurs tacites et cyniques ententes financières, phénomène que l'installation de la curie à Avignon a sans conteste facilité. En définitive, aux deux derniers siècles du Moyen Âge, l'Église en France voit inexorablement son riche patrimoine écorché par le pape et tondu par le roi.

Ce qui fit le plus violemment réagir le clergé du royaume, ce furent les atteintes à son pouvoir juridictionnel. Nous l'avons vu au deuxième chapitre. Les tribunaux ecclésiastiques, les officialités, exerçaient sous l'autorité des évêques des compétences très étendues. Les réduire fut une des grandes préoccupations des légistes sous notre roi. La volonté gouvernementale se lit dans plusieurs ordonnances. Certaines sont immédiatement parlantes, comme celle, en 1300, qui prévoit la comparution des clercs criminels notoires devant la justice temporelle en cas d'absolution par l'officialité. D'autres extrêmement habiles, comme celles de 1292 et de 1304, installent dans le royaume des notaires publics, préparant ainsi l'anéantissement de la justice gracieuse épiscopale. Mais cette volonté de réduire le pouvoir juridictionnel des évêques s'exprime principalement sur le terrain. Avec la sournoise complicité du pouvoir central, les officiers royaux de justice mènent dans les bailliages et les sénéchaussées une lutte sans merci contre le privilège des clercs, acquis depuis des siècles, de n'être justiciables que de l'officialité. Les protestations d'un évêque comme Guillaume Le Maire, nous l'avons également vu, sont très indicatives de la virulence des « empiétements » quotidiens des agents locaux de la royauté.

Peu après les vigoureuses doléances de ce prélat, le légiste Pierre Dubois adresse au roi un traité, *De l'abrègement des guerres et procès du royaume des Francs*, dont la seconde partie porte sur les conflits entre les deux ordres de juridiction. Cet avocat du roi au bailliage de Coutances renverse les perspectives. Ce sont les cours d'Église qui usurpent les compétences des tribunaux royaux. Les véritables victimes sont les juges laïques face à des évêques qui excommunient à tout bout de champ pour empêcher les procédures devant la justice royale, intimider les avocats et les parties, faire exécuter les sentences de l'officialité. Dans les coutumes immémoriales que les évêques invoquent au secours de leurs prérogatives judiciaires, le légiste ne voit qu'usurpations. Pierre Dubois soumet au roi un projet de lettre au pape le sommant de faire cesser ces coutumes abusives et ces excommunications intempestives. Il lui suggère aussi d'ordonner une enquête sur les droits que la coutume conférerait aux officialités. La possession de plus de cent ans, valant prescription, que les évêques allèguent serait très difficile à prouver. Il conviendrait quoi qu'il en soit de diriger les interrogatoires de sorte qu'il devienne impossible d'en administrer la preuve…

Suit un vaste plan de campagne exposé à Philippe le Bel. Dubois veut le convaincre de ce que les violations de la juridiction royale par les clercs doivent systématiquement être empêchées, poursuivies, sanctionnées. En amont, il faut établir dans chaque ville deux notaires royaux, les imposer aux prélats pour que pleine foi soit accordée à leurs actes. Ces notaires assisteront également les plaideurs laïques qui voudront décliner la compétence des officialités et les guideront, avec les avocats, dans les procédures. Auprès de chaque tribunal épiscopal sera placé un procureur qui, avec le concours du notaire et de l'avocat, soulèvera les exceptions d'incompétence. Des enquêteurs devront parcourir les provinces ; informés par les juges et les avocats royaux, ils constateront les abus et les rapporteront deux fois par an au Parlement. Des sergents royaux auront pour tâche spéciale de protéger les officiers royaux des vexations des juges ecclésiastiques et de percevoir les amendes auprès de ces derniers à chaque empiétement sur la juridiction du roi. Dubois va jusqu'à suggérer au roi de donner ordre aux officiers de procéder à la saisie et confiscation des biens de tous ceux qui « usurpent, troublent, molestent et s'emparent avec excitation et audace » de la juridiction royale. Ceux qui, après saisie et confiscation, n'auront pas obtenu la grâce du roi seront présumés ennemis de la majesté royale et punis en conséquence.

Dans ce traité jalonné d'emportements graves et solennels, les conseils techniques sont accompagnés de considérations savantes tirées de la philosophie ou du droit. À la manière d'un Nogaret, il arrive à Pierre Dubois de fulminer son anticléricalisme en style biblique, inspiré par exemple de l'admonestation, au milieu de la tempête, du Seigneur à Job (Job, 40, 17) : « Mais qui donc tiendra tête par le geste et la parole à cette ligue de prélats unis et entrelacés et emmêlés comme les testicules de Léviathan, sinon le roi qui s'y trouve si fort intéressé pour lui-même et pour le salut de ses sujets ? Le seigneur roi peut-il se résoudre à voir ses brebis périssant, perdant leurs âmes et leurs biens au préjudice de sa personne royale et au détriment du [pouvoir] temporel, contre les coutumes antiques du royaume qu'il a promis de conserver ? S'il manque à ce devoir, et n'appose de remède à cela, pourra-t-on l'en excuser ?... »

On voit avec quelle véhémente insistance un légiste de province bataillant sur le terrain pouvait demander à Philippe le Bel, en plein milieu du règne, de prendre ses responsabilités. La grande habileté de notre roi, non exempte de cynisme, est d'avoir condamné solennellement les atteintes aux privilèges ecclésiastiques (ainsi en 1303 dans l'ordonnance générale de réformation du royaume, vue au troisième chapitre) sans jamais sanctionner ni même poursuivre ceux qui dans l'administration royale les commettaient.

✧

En 1329, pressé par le haut clergé, Philippe VI de Valois convoquera à Paris une grande assemblée de prélats et de barons du royaume pour débattre de la question toujours pendante des rapports entre les deux ordres de juridiction. Cette assemblée dite de Vincennes voit s'affronter les meilleurs représentants des intérêts opposés de l'Église et de l'État. D'un côté, deux évêques dont Pierre Roger, futur Clément VI, considéré comme l'un des plus grands orateurs de son temps. De l'autre, pour plaider la cause laïque, Pierre de Cuignières, conseiller du roi, formé à l'école des grands légistes de Philippe le Bel. Si l'on ne peut prouver de façon certaine que ce conseiller de Philippe VI a connu Pierre Dubois, il y a tout lieu de croire qu'un bon nombre des soixante-dix articles exposant ses griefs contre la justice ecclésiastique ont été directement inspirés du traité *De l'abrègement des guerres et procès*. En outre, Pierre de Cuignières, qui ouvre les discussions, utilise abondamment les principaux écrits régalistes de la querelle bonifacienne, la *Quaestio in utramque partem*, le *Rex pacificus* et le *De potestate regia et papali*. En plus de se montrer extrêmement perspicace sur le plan strictement juridique en réfutant la théorie canonique de la coutume et en proclamant l'inaliénabilité des droits régaliens, le conseiller du roi fait reposer sa démonstration sur la distinction absolue des deux pouvoirs. Le pouvoir temporel ne peut être distinct et indépendant du pouvoir spirituel si la justice d'Église s'entremet dans certaines affaires temporelles. De ce point de vue, le plaidoyer de Pierre de Cuignières achève d'indiquer le grand tournant effectué : le dogme récemment proclamé de la complète indépendance temporelle du Capétien vis-à-vis du pontife romain en vient à être tourné contre l'Église de France elle-même : ses chances de conserver de vastes prérogatives juridictionnelles sont désormais éteintes. Pas plus que Philippe le Bel, en effet, Philippe VI ne légiférera pour régler le problème de frontière entre les deux ordres juridictionnels, laïque et ecclésiastique. Ses successeurs non plus, au grand désespoir des évêques. La royauté, comme déjà nous l'avons souligné, laissera au Parlement le soin de trancher au cas par cas les conflits de juridiction. Assurés de la jurisprudence (globalement) favorable de cette cour suprême, les officiers royaux pourront intensifier leur combat contre les officialités. À la fin du Moyen Âge, la juridiction épiscopale n'est plus que l'ombre d'elle-même.

Les trois gallicanismes

Prenons maintenant le temps d'apprécier plus en profondeur l'impact des années Philippe le Bel sur notre histoire politico-religieuse.

Écartons une fausse idée. Il n'y a jamais eu au royaume de France « Alliance du Trône et de l'Autel ». Cette classique expression laisse supposer un accord volontaire entre deux forces poursuivant un même but. Forgée, tardivement, pour signifier la relation privilégiée unissant les monarchies catholiques européennes à l'Église catholique romaine, elle ne saurait s'appliquer au passé de notre pays. Bien sûr, il est arrivé que tel ou tel de nos rois cherche au gré des circonstances à ménager le souverain pontife ou même à s'en faire un allié indispensable. Mais à partir du XIVe siècle et sans discontinuer, les relations entre la royauté capétienne et le Saint-Siège ont été pensées et conduites en fonction d'une doctrine de plus en plus élaborée, tant au plan historique que théologico-juridique : le gallicanisme. Or, ce sont les années Philippe le Bel qui à la fois marquent la naissance du gallicanisme et en dessinent les traits définitifs.

Jusqu'à la Révolution française, le premier volet de cette doctrine a reposé sur un farouche antipontificalisme. Il restreignait la puissance du pape au strict domaine spirituel et déclarait son autorité au sein de l'Église inférieure à celle du Concile universel. Cinq siècles durant, le gallicanisme eut ainsi pour adversaire l'ultramontanisme, lequel reconnaissait sans contredit au pape, en plus d'un pouvoir absolu sur l'Église universelle, celui de déposer les souverains laïques, de les excommunier, de délier les sujets de leur fidélité. Entrant en conflit avec Innocent XI sur une affaire de régale spirituelle, Louis XIV jugea bon d'officialiser en 1682 le rejet de la théocratie pontificale et la position conciliariste de la France en faisant voter par l'assemblée générale du clergé français, en quatre sentencieuses propositions, la fameuse Déclaration des Quatre Articles. Enregistrée comme loi d'État dans toutes les juridictions du royaume, adressée aux facultés de théologie et de droit canon pour y être enseignée, cette forme de charte, dont la préparation avait été confiée à Bossuet, demeura jusqu'à la chute de la royauté une expression éclatante de la doctrine gallicane.

Née avec la politique de Philippe le Bel, antiromaine par essence, cette doctrine gallicane a dans un second volet proclamé sans relâche l'indépendance temporelle du clergé de

France, sa liberté d'organisation et de gestion vis-à-vis du pape. À la faveur du Grand Schisme (1378-1417) et de la crise conciliaire qui suivit (1417-1440), ses porte-parole, souvent de grands universitaires, firent remonter la formation de ce statut particulier aux premiers conciles mérovingiens. Ce qu'ils nommèrent les « libertés de l'Église gallicane », autrement dit ses droits, coutumes et privilèges, aurait été consubstantiel à l'établissement de la monarchie. L'indépendance temporelle du clergé de France face au pouvoir romain prit chez nous valeur de dogme dès le début du XVe siècle. Seule une partie du clergé méridional resta sur la réserve.

Sous Henri IV, en réplique aux menées ultramontaines de la Ligue, parurent d'importants ouvrages sur la nécessaire protection du statut historique et juridique du clergé national. En 1594, Pierre Pithou, avocat puis procureur général au parlement de Paris, publia un livre qui fit aussitôt référence : les *Libertez de l'Église gallicane*. Il y dressait une liste de quatre-vingt-trois « articles » et « maximes » formant une sorte de code du gallicanisme, qu'il plaçait sous l'invocation du roi « Très-chrétien, premier fils et protecteur de l'Église, et particulier patron de celle de son royaume ». L'ouvrage fut une quarantaine d'années plus tard enrichi d'un *Commentaire* et d'un dossier de *Preuves* par Pierre Dupuy, un des plus remarquables historiens du Grand Siècle, garde de la Bibliothèque du roi, chargé d'importantes recherches documentaires en relation avec les besoins gouvernementaux. Dans son *Commentaire* du traité de Pithou et dans ses *Preuves*, le règne de Philippe le Bel occupe une place de choix. On ne peut manquer de le souligner ici : Pierre Dupuy a exhumé une bonne partie des sources qui, réexaminées plus tard, au XIXe siècle, ont ouvert la voie aux études scientifiques de la politique de Philippe le Bel. Beaucoup de ce que nous connaissons encore aujourd'hui de la querelle bonifacienne et de l'affaire des templiers est tiré de son *Histoire de la condamnation des Templiers* (1654) et de son *Histoire du différend d'entre Boniface VIII et Philippe le Bel* (1655), deux ouvrages contenant les principaux discours, pamphlets et libelles ayant jalonné ces années capitales.

✧

Penchons-nous maintenant sur la manière dont les successeurs de Philippe le Bel ont mis en pratique la doctrine gallicane. Vis-à-vis des papes, leur déférence ne s'est jamais manifestée qu'en tant que de besoin. Leurs correspondances avec la curie n'ont pas été toujours respectueuses, et les relations se sont révélées plusieurs fois orageuses. À plusieurs moments, les monarques durent sérieusement agiter la menace de convoquer eux-mêmes, comme l'avait fait Philippe le Bel, un concile général. Autant de comportements fort peu susceptibles de choquer le clergé gallican.

En revanche, la pierre d'achoppement entre la royauté et le clergé de France concerna les « libertés » tant alléguées par ce dernier. Relatives aux carrières, à l'administration des bénéfices (les fonctions ecclésiastiques), aux finances et à la fiscalité, impliquant de nombreux intérêts extrêmement terre à terre, ces « libertés » ne pouvaient être interprétées de la même façon par ceux qui les invoquaient et le pouvoir monarchique. L'Église de France était la plus riche de toute la Chrétienté. Elle comptait encore cent trente-neuf évêchés à la veille de la Révolution, développait un immense réseau d'abbayes, de prieurés, d'églises cathédrales, collégiales, paroissiales, ce qui constituait une fortune foncière et immobilière incalculable. Partout elle exerçait des droits seigneuriaux, partout elle percevait la dîme, partout elle recevait des legs. Une manne aussi considérable ne pouvait laisser l'État indifférent.

C'est pourquoi la doctrine gallicane, assise sur la défense des « libertés » du clergé de France, fut continûment canalisée, voire détournée, par les monarques, afin de conserver au pouvoir d'État la mainmise sur le recrutement, les finances et la discipline de l'Église nationale. Dans les faits, le gallicanisme revêtit ainsi plusieurs formes, plus ou moins antagonistes selon les périodes et les contextes. Le gallicanisme épiscopal, très à cheval sur le respect des franchises séculaires du clergé de France, tant vis-à-vis du pape que de l'administration royale, dut éprouver la domination d'un gallicanisme royal, celui du monarque, de ses ministres et conseillers, estimant que le roi « Très-chrétien » était un « roi sacerdotal », une « personne moyenne », « spirituelle et temporelle », le « premier prélat en son royaume », une sorte de « pape en la temporalité » historiquement désigné pour diriger les affaires de l'Église en son royaume. À ces deux gallicanismes divergents vint même s'ajouter un gallicanisme parlementaire attentif à ce que le gallicanisme royal ne fléchît jamais. Le résultat ? La balance ayant continuellement penché vers le gallicanisme royal et le gallicanisme parlementaire, ce fut la complète inclusion du clergé dans l'État, et ainsi le triomphe concret, véritable, de la théocratie royale affirmée sous Philippe le Bel.

Il faut insister : appliquée dans un sens régaliste, la doctrine gallicane permit au régime monarchique de tenir constamment l'Église à disposition des besoins de l'État. Il importe peu que des Capétiens aient été grands dévots, que Louis XIII ait consacré le royaume à la Vierge, que tel confesseur, tel prélat, tel clan aient certains moments influencé les décisions royales…

L'important est, d'une part, qu'aucun de nos rois n'a laissé le champ libre à l'ultramontanisme, comme le montre encore le sort réservé aux jésuites sous Louis XV ; et, d'autre part, que tous ont en même temps fait en sorte que l'Église de France leur demeure soumise. S'ils ont conservé à l'ordre du clergé son rang, ses honneurs, ses emplois réservés, quelques privilèges, c'est pour le garder au pied du trône, sans l'asservir. Souvent de mauvaise humeur, ce clergé national ne se montra jamais rebelle, à la différence de l'ordre de la noblesse, qui exerça périodiquement son « devoir de révolte ».

Telle fut la marque singulière du gallicanisme royal : sans tomber dans le schisme comme l'anglicanisme, il domestiqua l'Église de France. Charles VII a unilatéralement établi une Église nationale avec la Pragmatique Sanction de Bourges, en 1438. Son fils Louis XI s'est reconnu une autorité illimitée sur le clergé gallican. François Ier n'a pas eu besoin de couper les liens avec la papauté, qui dut se résigner à accepter que la royauté nomme aux bénéfices ecclésiastiques majeurs (concordat de Bologne, 1516). Jusqu'à la fin de l'Ancien Régime, le recrutement des évêques et des abbés revint ainsi à l'État.

Au XVIe siècle, en outre, la couronne mit en place un système de prélèvement périodique des finances ecclésiastiques. En 1788, elle percevait toujours de l'Église gallicane un impôt annuel très substantiel (le « don gratuit », autour de trois millions de livres) et quelques autres versements obligés, dits également, contre toute vérité, « gratuits ». Dans le domaine de la justice, à partir de l'ordonnance de Villers-Cotterêts, qui avalisait la jurisprudence du Parlement, la compétence de la juridiction épiscopale sur les laïcs ne s'exerça plus que dans les causes purement spirituelles et, même vis-à-vis des clercs, cette compétence fut extrêmement réduite. À l'encontre des décisions non juridictionnelles d'un évêque, tout sujet, même un clerc, pouvait en appeler « pour abus » au Parlement, lequel pouvait casser la décision et ordonner la saisie du temporel de l'évêque récalcitrant à sa sentence. On pourrait donner cent exemples de cette domination institutionnalisée de l'État royal sur l'Église gallicane. C'est au point que la répression de l'hérésie protestante fut prise en charge par les parlements, sans que le haut clergé ou que l'Inquisition puissent s'en mêler. La chasse aux hérétiques en France appartient au roi Très-chrétien. C'est en fidélité à la promesse du sacre et à son titre que Louis XIV a révoqué l'édit de Nantes. C'est peu de dire que Philippe le Bel avait ouvert la voie.

✧

Concluons ce chapitre dans le sillage du précédent. En « surchristianisant » la royauté, le gouvernement de Philippe le Bel a engagé sur le terrain doctrinal l'absorption du religieux par le politique, amorçant de ce fait un mouvement on ne peut plus officiel d'inclusion de l'Église dans l'État.

Officiel et tellement... durable ! Au début de la Révolution, on peut dire que les constituants ont fait preuve d'un gallicanisme extrême. Les biens du clergé furent nationalisés. Votée par l'Assemblée constituante le 12 juillet 1790, la Constitution civile du clergé aligna le nombre des évêchés sur l'organisation des départements. Prélats et curés seraient élus par les assemblées électorales de département et de district. Le clergé était rémunéré par l'État, ses membres durent jurer fidélité à la nation, au roi et à la Constitution. Mais songeons surtout, après la terrifiante expérience jacobine de déchristianisation de la société et de persécution du clergé, à la restauration de la paix religieuse sous le Consulat et l'Empire. Napoléon Bonaparte n'a guère organisé entre l'État et l'Église de noces libres et joyeuses, en tout cas pour celle-ci. En faisant suivre le concordat de 1801 de soixante-dix-sept unilatéraux « articles organiques » plaçant le clergé de France sous une tutelle complète de l'État, le Premier Consul trompa sans vergogne le souverain pontife. Pie VII venu à Paris pour le sacre n'obtint aucune renégociation. Plus terrible encore, cinq ans plus tard, il vit ses États occupés et annexés à l'Empire. Nouvel Anagni : après qu'il eut promulgué une bulle d'excommunication le 10 juin 1809, il fut enlevé le 6 juillet, réduit en captivité à Savone, traîné à Fontainebleau en juin 1812 et, là, forcé de signer en janvier 1813 un nouveau concordat. Durant ces années, l'Empereur crut possible d'exercer un césaropapisme de type carolingien, de manière à fournir à l'État le clergé le plus docile qui fût : « Je suis Charlemagne... » Un jour de captivité, il demandera à Las Cases lequel de Saint Louis ou de Philippe le Bel a d'abord régné...

C'est au XIXe que la France rejette l'héritage gallican. Déjà, sous l'Empire, les catholiques s'étaient montrés de moins en moins reconnaissants à Napoléon d'avoir rétabli leur culte, salarié leurs évêques, leurs curés et leurs prêtres, restauré le calendrier grégorien. Passé 1815, l'esprit gallican ne continue de se manifester que dans la jurisprudence du Conseil d'État, juge de l'application des articles organiques. Chez les fidèles comme chez les nouveaux maîtres du pouvoir, à partir de la Restauration, l'ultramontanisme progresse. L'Église romaine, le clergé national et l'État commencent une véritable lune de miel à trois, qu'ils poursuivront jusque sous le gouvernement de l'Ordre moral de Thiers et Mac Mahon, ce qui excite en retour le combat de la gauche républicaine et radicale contre « le cléricalisme ».

Les catholiques ne devront, involontairement, leur salut qu'à la loi de séparation de 1905, qui les libérera du soupçon de se compromettre avec le pouvoir politique. Mais cette loi aura pour effet de les rapprocher massivement de Rome, ce que Philippe le Bel, puis tous les Valois, tous les Bourbons, ainsi que Napoléon, avait évité à notre pays…

VII

LA FRANCE PROMISE

De Gaulle imaginait la France, ce sont les premières lignes, sublimes, de ses *Mémoires de guerre*, « comme vouée à une destinée éminente et exceptionnelle ». « La France n'est réellement elle-même qu'au premier rang » ; « [...] la France ne peut être la France sans la grandeur ». Inspirée par « le sentiment aussi bien que la raison », cette « certaine idée de la France » rejoignait celle des deux Napoléon, de Louis XIV, d'Henri IV, de François Ier, pour ne citer, à rebours, que quelques souverains, celle, encore, des conventionnels en guerre contre les monarchies européennes et des promoteurs de l'empire colonial français arguant de la mission civilisatrice de leur pays. Bref, cette « certaine idée de la France » fut celle d'une infinité d'hommes d'État, ministres, généraux, ambassadeurs, les Richelieu, Colbert, Vergennes, Ferry, Clemenceau, Foch..., pour qui la France devait être la première puissance du monde. L'aventure gaullienne de 1940-1944 montre ce complexe de supériorité nationale traversant les pires épreuves et toutes les humiliations.

Mais ce complexe, quand et comment s'est-il constitué ? Son soubassement historique, on ne peut en douter, c'est la croyance médiévale au caractère supérieurement chrétien de la monarchie française. Cette croyance, systématiquement exploitée en politique intérieure, on la voit à partir de Philippe le Bel pénétrer en même temps tous les pans de la politique étrangère du royaume, en devenir le phare, phénomène qui ne cessera vraiment qu'avec la Révolution. C'est sous son règne qu'est proclamé au grand jour, au gré des disputes avec d'autres puissances et des guerres, que la France est promise, Dieu aimant tant ses rois, à l'invincibilité, et au-delà à la suprématie dans le monde chrétien.

L'invincibilité

Autour des années 1300, la propagande gouvernementale martèle, sans crainte d'être contredite, que depuis la conversion de Clovis nos rois ont été les plus ardents à combattre pour la défense de l'Église et la propagation de la foi, que Dieu en appui et en reconnaissance a fait pour eux d'évidents miracles. Nous avons vu combien l'invocation de la royauté « Très-chrétienne », enrichie par la référence à Saint Louis, avait pesé dans la guerre d'idées faite à Boniface VIII. Quand ce pape crut pouvoir tancer le Capétien comme Innocent III et Innocent IV l'avaient fait avec d'autres souverains, ses jours de tiare furent pour ainsi dire comptés.

Exalter la royauté « Très-chrétienne » n'a pas été qu'un procédé de lutte antithéocratique. Certains témoignages illustrent son emploi insistant dans la propagande de guerre. Ainsi ce sermon du dominicain Guillaume de Sauqueville, sur le thème *Osanna Filio David* (« Hosanna au fils de David », Matth., XXI, 9). Probablement composé en 1313-1315 dans le brûlant contexte d'une reprise des hostilités contre la Flandre, il est en grande partie axé sur la solidarité de destin entre la royauté française et la foi catholique. L'« héritier de France » est « Fils de David », le trône de France est celui de David, le peuple de France a succédé au peuple d'Israël dans une Nouvelle Alliance avec la divinité. « La paix du roi est la paix du royaume, la paix du royaume est la paix de l'Église, de la science, de la vertu et de la justice. » La cause du roi étant celle de Dieu, on ne peut être plus grandement coupables que ces Flamands rebelles. Inversement, « ceux qui meurent pour la justice du roi et du royaume seront couronnés par Dieu comme martyrs ». Ce n'est pas la première fois qu'un auditoire entend proclamer que la guerre du roi est un combat pour la foi. L'intérêt historique de ce sermon tient à l'argumentation déployée pour faire corps derrière le roi.

Résumons toujours. Les rois de France sont nobles et saints : saints parce qu'ils aiment la sainteté, parce qu'ils protègent la sainteté, parce qu'ils engendrent la sainteté. Qu'ils aiment la sainteté est prouvé par leur amour de la pureté : depuis les origines troyennes, leur sang, à la différence des autres, n'a jamais été souillé d'aucun bâtard. Je dis deuxièmement qu'ils aiment la sainteté car, les chroniques le montrent, ils ont protégé l'Église, fondé des monastères et toujours fait progresser la sainteté. Ils engendrent la sainteté, troisièmement, car ils procréent des rois-saints, comme cela apparut avec Clovis, premier roi chrétien, mais aussi chez le prédécesseur de Pépin, Childéric, qui se fit moine de Saint-Denis, chez Charlemagne et chez Saint Louis. Quatrièmement, ils démontrent la sainteté, car seuls parmi les rois vivants ils accomplissent des miracles en guérissant les malades. Je dis que ce sont des rois-saints car jamais dans le péril ils n'eurent recours aux idoles ou aux augures mais toujours à Dieu. Ainsi Clovis, instruit par sa femme, quand il lutta contre les Alamans ; Pépin qui combattit le roi des Lombards et replaça sur son siège le souverain pontife, à qui il rendit la vue ; Charlemagne qui, après avoir défendu le pape, acquit des terres sur les infidèles ; Philippe, grand-père de Saint Louis, victorieux d'Otton IV, l'empereur germanique, du roi d'Angleterre et du comte de Flandre ligués contre lui (Bouvines). Ces très hauts faits, et beaucoup d'autres, il faut les célébrer, les méditer, et avoir confiance. Avec de tels rois, « nous faisons la guerre pour la justice, nos ennemis pour l'injustice, nous, nous voulons généreusement leur accorder notre miséricorde, eux veulent notre malheur, il ne fait pas de doute que Dieu soit avec nous, et par conséquent qu'ils ne pourront rien contre nous ». On songe à ce qu'écrira la Pucelle d'Orléans au duc de Bourgogne au moment du sacre de 1429 : « Tous ceux qui guerroient audit saint royaume de France guerroient contre le roi Jésus [...], et ils ne gagneront mie. »

L'indépendance

La France est au XIIIe siècle, et pour longtemps, le royaume le plus vaste, le plus peuplé et le plus riche d'Europe. Mais se pose le problème de son indépendance, sinon dans les faits, du moins, avec grande intensité, sur le plan doctrinal. Ce royaume doit faire face aux prétentions universalistes d'un empire allemand.

Rappelons par exemple qu'en novembre 1158, à la Diète de Roncaglia, les docteurs de l'université de Bologne avaient présenté Frédéric Barberousse comme le « Maître du monde » (*Dominus mundi*) et la « Loi vivante sur terre » (*Lex animata in terris*). Que Frédéric II, prince Hohenstaufen, empereur de 1215 à 1250, avait bâti en Sicile (et Italie du Sud) un État extrêmement centralisé et gouverné sur un mode absolutiste. Renouant avec le désir de gloire et d'universalité, et l'idée d'un empire ne pouvant avoir pour centre que Rome, il chercha à s'imposer aux communes italiennes du Nord, ce qui lui valut de rencontrer l'opposition du pape, qui l'excommunia en 1239 et le déposa en 1245. Sa mort en 1250 fut suivie jusqu'en 1273 du « Grand Interrègne ».

À l'époque de Philippe le Bel, le voile d'unité que le Saint-Empire avait quelque peu fait planer en Occident était en lambeaux. Mais le désir d'empire demeurait intact chez de nombreux esprits. Des juristes de premier plan continuaient de marteler que « si l'empereur ne règne plus aujourd'hui sur tous les rois et toutes les nations, toutefois il le devrait ». De grands théologiens et philosophes assuraient que la paix du monde ne pouvait être établie et sauvegardée que par un souverain temporel universel, de souche allemande. Dante, dans le *De Monarchia*, en appelait à un tel souverain capable de régner sur les rois et de reléguer le pape au rang de ministre de la religion et des cultes. On comprend qu'Henri de Luxembourg, couronné empereur en juin 1312, ait aussitôt dans sa lettre encyclique aux princes européens annoncé l'heureuse nouvelle de son avènement en proclamant hautement son pouvoir universel : « Dieu a voulu que tous les hommes, séparés et distincts en royaumes et pays, soient soumis à un prince unique. »

Tandis que le roi d'Angleterre lui fit une réponse polie, Philippe le Bel lui opposa vigoureusement l'exception de la France : « Nous avons examiné avec attention le préambule de vos lettres et nous avons décidé de faire savoir ouvertement à votre altesse à quel point votre façon de parler a provoqué un étonnement considérable parmi les Grands de notre royaume [...]. Si vous aviez mieux considéré la situation de notre royaume, qui pourtant vous est assez connue, vous auriez dû reconnaître qu'il est exempt de cette sujétion générale. Car il est notoire, connu de tous et partout que depuis l'époque du Christ le royaume de France n'a jamais eu d'autre roi que le sien, placé directement sous Jésus-Christ [...] et n'a jamais eu ni reconnu aucun supérieur temporel, quel que fût l'empereur régnant [...]. » Dieu, continuait en substance Philippe le Bel, trouvant que ce royaume était de préférence à tous les autres le fondement stable de la foi et de la religion, a voulu qu'il soit distingué en confirmant son roi, à perpétuité, comme son seul monarque, « ce qui est démontré par la narration véridique des vieilles chroniques ». Aussi, « avec l'aide de Celui pour lequel et au nom duquel nos ancêtres sont bien connus pour avoir versé leur propre sang, nous sommes bien décidé à maintenir et à défendre de toutes nos forces l'excellence de notre liberté ».

L'empire aux Français

Ce que cette catégorique réplique n'exprime pas, c'est qu'en France, tandis que l'Empire germanique tend vers la décomposition, le rêve de réunir les peuples sous une même loi fascine de plus en plus. Parce qu'on le croit à portée de Philippe le Bel. Un Capétien empereur d'Occident ?

Il faut se souvenir que s'approprier l'héritage de Charlemagne avait été au royaume de France un thème répandu, comme le montre la poésie épique. Dans la *Chanson de Roland*, le centre de la vie politique est la « doulce France » ; c'est là qu'aime à vivre « Charles le Reis, nostre emperere magne » qui, consultant les barons, « veult toujours pour guides ceux de France ». Dans *Fierabras*, Charlemagne est régulièrement appelé « l'empereur de France ». De leur côté, moralistes ou historiographes, des clercs entourant les premiers Capétiens avaient projeté sur la nouvelle dynastie le patronage du grand empereur. « Tes pères furent, depuis longtemps, rois et empereurs », proclama Adalbéron de Laon à l'adresse de Robert le Pieux. Helgaud de Fleury qualifia ce dernier de « grand empereur des Francs ». Tout se passa chez ces importants lettrés comme si, inaugurant une nouvelle race, les Capétiens n'en avaient pas moins les Carolingiens pour « prédécesseurs », ou « antécesseurs ». Eux-mêmes affirmaient dans leurs diplômes qu'ils poursuivent l'œuvre des rois et empereurs francs. Au XIIe siècle, Suger présenta Charlemagne comme le patron de la France et le garant de son indépendance. La tradition carolingienne s'est donc maintenue au jeune royaume capétien, portée par les chansons de geste, régulièrement invoquée dans la sphère du pouvoir et fixée à l'abbaye de Saint-Denis.

Sous Philippe II (1180-1223), surnommé Auguste – titre emprunté à la titulature impériale romano-carolingienne (*semper Augustus*) –, deux emblèmes de la royauté furent rattachés à la personne de Charlemagne : l'oriflamme, conservée à Saint-Denis, et l'épée d'apparat, « Joyeuse », exhibée lors de la cérémonie du sacre. Sur le registre historico-littéraire, en arguant du mariage de Philippe Auguste et de celui de son père (Louis VII) avec des princesses carolingiennes, l'on se mit à exalter « le retour du royaume à la lignée de Charlemagne » (*reditus regni ad stirpem Karoli*). Du sang carolingien étant censé désormais couler dans les veines des rois de France, les clercs proches du pouvoir, tels Gilles de Paris dans son *Karolinus* et Guillaume le Breton dans sa *Philippide*, n'eurent aucune peine à faire rejaillir la *virtus* carolingienne sur la couronne capétienne. Ce génétique rattachement à Charlemagne défenseur de l'Église et propagateur de la foi reçut la validation de Vincent de Beauvais vers 1250 (*Speculum historiale*) et des *Grandes chroniques de France* vers 1270.

La greffe lignagère bien établie avec les Carolingiens, et face à l'impuissance criante du Saint-Empire, les Capétiens pouvaient envisager de candidater à la couronne impériale. En 1272-1273, encouragé par son oncle Charles Ier d'Anjou, Philippe le Hardi songea sérieusement à se faire élire roi des Romains et à obtenir, partant, grâce à une bonne entente avec la papauté, d'être couronné empereur. Il entreprit les approches nécessaires mais, le pape s'étant montré peu disposé, finit par renoncer.

Tel n'est pas le cas de Philippe le Bel. L'idéal politique impérial fait l'objet sous son règne d'une formidable entreprise d'appropriation : au roi de France, chef d'une « nation notoirement Très-chrétienne » (*natio notorie christianissima*), doit revenir le gouvernement du monde. Le naturel et seul crédible successeur de Charlemagne, c'est lui. Une littérature prophétique qui présente la royauté capétienne comme celle des temps messianiques se fait jour précisément dans les premières années du XIVe siècle. Elle est pour l'essentiel l'œuvre de franciscains « spirituels ». Dans quelle mesure a-t-elle influencé Philippe le Bel ?

Le fait est qu'il ne souhaita pas prendre le risque d'un échec en présentant sa propre candidature à la couronne impériale. Mais on le vit, à deux reprises, tenter de promouvoir un des siens à la tête du Saint-Empire. Une première fois en juin 1308, après l'assassinat d'Albert d'Autriche, quand il pousse la candidature de son frère Charles de Valois à la couronne d'Allemagne, marchepied de la couronne impériale. Charles était un excellent chef de guerre. Philippe le Bel parla de son élection au pape, écrivit aux princes-électeurs pour les encourager à voter pour ce prince français dévoué à l'Église et prêt à la croisade – veuf de Catherine de Courtenay, Charles avait pu rêver du trône de Constantinople. Le roi missionna aussi trois ambassadeurs autorisés « à promettre sommes d'argent ». Échec total : Henri, comte de Luxembourg, fut élu en novembre à l'unanimité des six électeurs présents. L'on vit même le pape Clément V, alors qu'il devait à la France son élévation à la tiare, confirmer avec empressement cette désignation.

Une seconde tentative intervint après la mort d'Henri de Luxembourg (août 1313). Notre roi, croyant aux bonnes dispositions de deux électeurs, les archevêques de Mayence et de Cologne, fit secrètement valoir au pape que son second fils, Philippe, comte de Poitiers et de Bourgogne, était le meilleur prétendant à la couronne impériale. Ce fils cadet, futur Philippe V, présenta sa candidature, laquelle n'obtint guère plus de voix que celle de Charles de Valois cinq ans plus tôt.

Au regard du rapport des forces en Europe, très favorable au royaume de France, imaginer un Capétien sur le trône impérial n'avait assurément rien d'incongru. Sur le trône de Naples et de Sicile il y avait un Capétien, Charles II d'Anjou. En Castille, la France soutenait les infants de Lacerda, petits-fils de Saint Louis. Notre roi était lui-même, du chef de sa femme, possesseur du royaume de Navarre. Il avait marié son fils Philippe à l'héritière de la Franche-Comté, passé des alliances avec les comtes de Luxembourg, de Hainaut, de Namur, de Hollande, de Savoie, le dauphin de Viennois et une foule de seigneurs moins puissants. Il avait acheté la fidélité des évêques de Verdun, de Liège et de Metz, établi la souveraineté royale sur la ville de Lyon. L'Angleterre ? Même si l'avenir montrera qu'il s'est trompé en mariant sa fille Isabelle à Édouard II, celui-ci était alors un allié. Philippe le Bel avait même posé les fondements d'une alliance avec l'Écosse.

Le double échec de notre roi n'a cependant pas conclu l'histoire des prétentions françaises à la couronne impériale. Après que les premiers Valois se sont trouvés dans l'incapacité de revendiquer la couronne cintrée, empêtrés dans un conflit de légitimité et une guerre de Cent Ans, les guerres d'Italie vinrent changer la donne. En 1517, la candidature personnelle de François Ier face à Charles de Habsbourg, roi d'Espagne, sonne le complet réveil des dispositions de la royauté française à la domination universelle. Cette candidature illustre la naturelle et indéracinable aspiration des rois Très-chrétiens à la souveraineté sur le monde chrétien. Car cette aspiration perdurera en haut lieu sous les derniers Valois et les premiers Bourbons, nourrie d'une foisonnante littérature juridique et polémique. Henri II et Charles IX manifesteront leur intention de se porter candidats, Henri IV des velléités, Mazarin encore souhaitera voir la couronne impériale conquise par le jeune Louis XIV face à Léopold Ier rêvant de restaurer l'empire de Charles Quint. Le dessein forgé sous Philippe le Bel d'une Europe sous férule française ne s'éteindra vraiment qu'à la chute du Premier Empire, après que Napoléon Ier, à l'instant de son sacre, et dans sa propagande, eut prétendu relever le trône de Charlemagne, enseveli depuis dix siècles.

La suprématie française selon Pierre Dubois

Parmi les sources documentaires du règne de Philippe le Bel, les écrits de Pierre Dubois constituent le meilleur témoignage de la précoce ambition française de suprême grandeur. Nous avons déjà parlé de ce légiste, simple officier royal au bailliage de Coutances. Depuis la découverte de ses opuscules politiques dans la seconde moitié du XIXe siècle, l'attention à accorder à leurs audacieuses propositions a été de mieux en mieux mise en lumière. Dubois se montre fort bien informé des problèmes intérieurs et internationaux de son époque, comme de leur impact sur l'opinion publique. Il a participé aux assemblées des trois ordres réunies à Paris en 1302 et à Tours en 1308. Il possède des relais auprès du gouvernement central, et rien n'interdit de penser que ses opuscules ont été pris au sérieux au plus haut sommet de l'État. La ressemblance de ses idées avec celles d'un Nogaret est parfois flagrante, et la coïncidence de l'une ou l'autre de ses propositions avec la législation royale remarquable. Dans l'opuscule qu'il compose à la fin de l'année 1300, *De l'abrègement des guerres et procès du royaume*, qu'il fait remettre à Philippe le Bel, l'idéal de suprématie de la France, si présent chez les élites intellectuelles et dirigeantes de son temps, la conviction qu'il faut à la Chrétienté un monarque français, promoteur de la paix, prend des dimensions fascinantes.

Laissons de côté les recommandations stratégiques, les conseils tactiques et techniques pour que la chevalerie et les troupes de pied françaises s'adaptent aux nouvelles formes de la guerre, pures « rêveries » parfois, au jugement de nombreux historiens. Arrêtons-nous sur ses plans en politique étrangère. Pour Dubois, il importe tout autant à l'entreprise de pacification de l'Occident que la papauté se conduise en alliée de la France. Sont en effet régulièrement élevés au trône de Pierre des vieillards décrépits, déclare-t-il, sans ascendance noble ni expérience des armes. Comment, dans ces conditions, les imaginer durant leur court pontificat en mesure de réprimer l'orgueil de leurs vassaux, les rébellions et les complots ? À cause du caractère de sainteté dont il est revêtu, un pape doit seulement vaquer à la lecture et à l'oraison, prêcher, rendre au nom de l'Église des jugements équitables, appeler à la paix et à la concorde les princes catholiques, et les y maintenir. La solution ? Seule la monarchie française peut débarrasser le Saint-Siège de ses occupations non spirituelles. Le pape devra conférer la dignité de sénateur de Rome au roi de France, partant, lui abandonner la direction des finances pontificales. Le résultat sera double. Les sommes périodiquement dues au Saint-Siège par la Toscane, la Sicile, l'Angleterre, l'Aragon, nombre de cités et châteaux seront intégralement versées sans causer de conflits ou même de guerres, chose qui n'a jamais été. Une bonne administration capétienne du patrimoine romain aura parallèlement pour effet de replacer l'Église entière dans sa mission authentique, qui est la direction des âmes.

Pierre Dubois voit très loin : avec une nouvelle méthode de guerre, et promu gestionnaire du temporel des papes, le roi, « régnant en sa majesté très haute », pourra attaquer la perfide et opulente Lombardie. Une fois la subordination des Lombards réalisée, les autres nations n'oseront résister. Philippe le Bel pourra aider le roi angevin de Naples à obtenir la sujétion de la Hongrie, aider aussi l'infant Alfonse, petit-fils de Saint Louis, à régner sur la Castille. Entre-temps, pour son frère Charles ou pour un des siens, le roi aura obtenu la main de l'héritière en titre de l'empire de Constantinople, Catherine de Courtenay – qui épousera en effet Charles de Valois dans les mois qui suivront –, ce qui mettra en bonne position pour la reconquête et définitive acquisition de la Grèce. On aperçoit la finalité ultime de cette marche vers l'hégémonie européenne : c'est la croisade.

La France en Orient

Entre 1305 et 1307, Pierre Dubois compose un traité bien plus volumineux, *De la reconquête de la Terre sainte.*

Un certain nombre d'écrits sur cette thématique avaient déjà paru sous la plume de religieux de premier plan. En 1292, Raymond Lulle avait rédigé son *Liber de passagio* où il insistait, notamment, sur la nécessité de réunir les ordres de chevalerie, impératif qu'il exposa peut-être devant le roi lui-même lors de ses venues à Paris, et que l'on retrouve sous la plume de notre légiste. La croisade fascine toujours les esprits. Le traité de Dubois s'inscrit dans un corpus littéraire où rivalisent de grands théologiens, dominicains et franciscains, où interviennent aussi quelques laïcs bien informés. On a souvent reproché à l'auteur une insuffisante connaissance des choses de l'Orient, des incitations et des propositions pas toujours précises ni même réalistes. Il n'empêche que l'originalité historique de sa *Reconquête de la Terre sainte* est immense : il « gallicanise » l'idée de croisade.

Voyons cela. Un gros tiers du traité décrit la manière de mettre fin aux deux empêchements dirimants à la reconquête. Le premier a trait aux guerres perpétuelles entre chrétiens. On convaincra le pape de convoquer un concile universel des princes et des évêques qui proclamera une paix générale, prévoira les sanctions et confiera à une cour internationale d'arbitrage le règlement paisible des conflits futurs. L'autre obstacle à la croisade, c'est l'état lamentable dans lequel a sombré le clergé : amour des richesses, simonie, cumul des prébendes, indiscipline… Ces terribles maux et monstrueux abus requièrent la réforme urgente et complète du gouvernement, de l'administration et des mœurs ecclésiastiques.

Vers 1300, les appels à réformer en profondeur le fonctionnement financier de l'Église n'ont rien d'exceptionnel. Mais celui de Pierre Dubois, relié à l'obligation de libérer les lieux saints, surgit plus radical encore que dans son opuscule sur l'abrègement des guerres. Ce légiste ne voit cette fois de remède que dans une sécularisation intégrale de la propriété ecclésiastique, du plus haut au plus bas de l'échelle. Les terres et les revenus de la papauté seront confiés « en perpétuelle emphytéose » à quelque grand roi ou prince. Les cardinaux, interdits de recevoir des biens en commende et toutes sortes de cadeaux, deviendront des sortes de salariés. Le temporel des évêchés et des monastères sera lui aussi attribué en location perpétuelle à un gérant laïque, un traitement convenable garanti aux desservants. L'effet de cette sécularisation des biens et revenus d'Église sera double : d'une part le clergé, à commencer par le pape, pourra enfin se consacrer au seul service de Dieu et au salut des âmes, d'autre part cette sécularisation permettra le financement de la croisade, selon des modalités variées, notamment en contribuant au fonds qui sera créé pour les expéditions, puis pour l'administration de la Terre sainte.

Dubois insiste pour que les biens temporels de la papauté fussent administrés par le frère, le beau-frère ou un des fils du roi de France. Après que Boniface VIII eut de manière inouïe dépassé les bornes de son pouvoir, explique-t-il, il est digne et nécessaire que les Romains, pour sauver et accroître la gloire de la papauté, acceptent que l'administration des richesses ecclésiastiques soit exercée par des personnes qui ne chercheront pas à nuire au roi Très-chrétien. Il faut, en outre, que le pape s'installe au royaume de France, qu'il crée des cardinaux français, seul moyen d'échapper aux complots venimeux des Lombards et aux mains ravageuses de ses autres ennemis.

Dubois énumère les avantages que son projet peut procurer à Charles II d'Anjou, roi de Sicile, au roi d'Allemagne (alors le beau-frère de Philippe le Bel), qui recevra la couronne impériale à perpétuité pour lui et ses héritiers, et à Charles de Valois, qui pourra facilement, par la grâce de Dieu, saisir l'empire de Constantinople. La France se trouvant ainsi en position dominante, les Lombards, les Génois et les Vénitiens devront en rabattre. S'ils ne veulent entrer dans l'obéissance du roi de France, on les fera excommunier et on entrera librement en Lombardie. Cet exemple fera fondre l'ancien orgueil des Romains, des Toscans, des Campaniens, des Apuliens, des Calabrais, des Siciliens, et les royaumes sujets du pape, comme l'Angleterre, l'Aragon, Majorque, seront soumis au roi de France. Même la Castille, au terme d'un mariage du fils aîné de son roi avec la fille de Sanche, devra accepter d'être sujette. « Il n'y a rien d'étonnant à ce que le roi de France ait l'hommage et la sujétion du pays que son prédécesseur Charlemagne conquit en chassant les Sarrazins et qui fut l'héritage de la mère de Saint Louis. »

À toutes ces conditions préalables à la reconquête de la Terre sainte, notre légiste en ajoute une autre : c'est que, une fois la paix générale adoptée en concile, le roi de France reste au pays. Il ne saurait exposer sa personne et risquer de perdre la vie, comme Louis VIII, Saint Louis, Philippe le Hardi. Alors, du fait de son armée, de sa famille, de ses alliés, et « du haut de sa majesté régnante », il figurera le moteur de cette reconquête, puis le protecteur de la Terre sainte et de la Grèce, s'attirera l'amour de toute la république des chrétiens (*totius reipublice christicolarum*).

On mesure le basculement que le plan de Dubois fait subir à l'idée médiévale de croisade : il en exproprie entièrement la papauté, son auteur, et jusque-là son chef et le symbole. On constate ensuite le complet anéantissement politique qu'il réserve à cette papauté puisque, après s'être servi du pape pour convoquer un concile préparatoire à la paix générale, le Capétien devra nationaliser les biens de tout le clergé et réduire le souverain pontife au rôle de chapelain suprême d'une Église animée désormais par des clercs et des moines salariés de l'État. C'est du Charlemagne exacerbé. C'est du Napoléon avant la lettre.

Trois ans après la rédaction de ce traité, en 1308, quand il apparut clairement que nul ne songerait en Allemagne à élire roi des Romains Rodolphe de Habsbourg, époux de Blanche de France, sœur de Philippe le Bel, ce légiste adressa au roi une sorte de mémoire *Pour le fait de la Terre sainte*. En voici la trame. Puisque les princes allemands portent une lourde responsabilité dans le fait des guerres et du désordre en Chrétienté, il faut contourner l'élection du roi des Romains en agissant sur le pape Clément V afin qu'il couronne le roi de France directement empereur. Pour que les princes-électeurs ne protestent, il suffira de les pourvoir en terres ou en argent. Le pape est français et se trouve actuellement à Poitiers. Quand on lui fera valoir que le roi de France une fois couronné empereur se mettra à la tête d'une grande armée et marchera sur Jérusalem, comme le firent Charlemagne et Frédéric Barberousse, il cédera…

On voit combien Dubois, simple officier royal dans un bailliage de Normandie, est rivé à l'idée qu'il n'y aura jamais de véritable empire capable d'imposer la paix et délivrer Jérusalem si cet empire n'échoit aux Capétiens, chez qui coule un sang saint, et qui luttent depuis toujours pour la défense de la foi. On ne sait si Philippe le Bel aura lu ce court mémoire. Quoi qu'il en soit, très peu de temps après, nous l'avons vu, il poussa la candidature de son frère à la couronne d'Allemagne. Et en 1313 celle de son second fils, Philippe, comte de Poitiers.

✧

Nous avons accordé beaucoup d'importance à Pierre Dubois. C'est que l'étendue et la hardiesse de ses plans pour la croisade n'avaient pas de quoi irriter, bien au contraire, des ministres aussi ambitieux pour leur roi qu'un Guillaume de Plaisians ou qu'un Guillaume de Nogaret. Et puis, chose certaine et capitale, Philippe le Bel lui-même se sentait prêt. Il était veuf depuis 1305. Son grand-père et son père étaient morts en croisade, l'un à Tunis, l'autre face à l'Aragon. Impossible d'en rester là. Depuis Anagni et l'avènement d'un pape français, les choses pouvaient avancer. Tout donne aujourd'hui à penser que Philippe le Bel a engagé la destruction du Temple avec l'idée que l'ordre militaire international unique qui succéderait serait placé, avec ses biens, sous la direction d'un prince capétien, peut-être même la sienne. Tout porte à croire que lui et son entourage avaient lu ou écouté Raymond Lulle proposant une fusion des ordres militaires sous l'autorité d'un grand maître qui serait un roi non marié. Quand en 1308, dans sa quarantième année, notre roi rencontre à Poitiers Clément V pour le presser de condamner les templiers, le pape s'entend dire de la bouche de Guillaume de Plaisians : « Ne vous déplaise, Père saint, le roi de France a fait plus que vous pour l'Église de Dieu. Nombre de ses ancêtres ont versé leur sang pour la foi au Christ et pour l'Église [...]. Puisque le roi, les prélats, les barons et les populations de ce royaume insistent pour que cette affaire soit rapidement expédiée, qu'il vous plaise, Père saint, de l'expédier au plus tôt. Autrement il nous faudrait parler un autre langage ! »

C'est sous la pression, les menaces, parfois en présence du roi de France, qu'à compter d'octobre 1311 le concile de Vienne (sur le Rhône) eut à régler le sort des templiers. Il y fut décidé la suppression de l'ordre et la dévolution de ses biens à l'Hôpital. À ce concile, Philippe le Bel promit de préparer la croisade. On sait que Nogaret ainsi que l'amiral de France délivrèrent des consultations sur le « passage » en Orient et que, peu après, le jour de la Pentecôte 1313, dans un Paris en liesse, le roi et ses fils prirent la croix.

VIII

CONSIDÉRATION FINALE

En quoi Philippe le Bel a-t-il donc « fait la France » ? La réponse n'est pas essentiellement dans le renforcement des moyens et des méthodes de l'État monarchique. Ce mouvement-là, Philippe Auguste l'avait déjà, un siècle auparavant, engagé de manière décisive, Louis IX l'avait ensuite poursuivi, avec souvent grande fermeté. L'historique transformation qui se produit sous notre roi s'est déroulée dans les esprits : la Flandre, le pape, le Temple, l'Empire, la croisade, tout apparaît lié au cours du règne dans l'ambition profonde d'une domination universelle de la France. À cette ambition participent, en solidarité, des intellectuels de haute volée, des conseillers royaux, de simples officiers locaux, des prédicateurs.

La singularité de cette poussée d'orgueil communautaire est qu'elle ne ralentira plus. De Philippe de Valois à Charles VII, la propagande de guerre ira martelant le dogme d'un roi et d'un royaume en tout point supérieurs, ce que la victorieuse issue du conflit franco-anglais confirmera. Sous Charles V et Charles VI, l'idée de royauté Très-chrétienne gagne en justifications, le gallicanisme en radicalité, et des thèmes juste jaillis autour des années 1300, comme le « transfert des études » (*translatio studii*) de la Grèce vers Rome puis vers la France, deviennent des lieux communs de la pensée politique. Dans le sillage d'un Guillaume de Plaisians, le chevalier du *Songe du vergier* fait de Paris la capitale de la Chrétienté, voudrait que l'on y transfère le siège pontifical, faisant valoir son université incomparable, lumière de la foi, et les exceptionnelles reliques conservées à la Sainte-Chapelle et d'autres édifices religieux. La France devient le royaume des lys. Les trois fleurs du blason des Capétiens symbolisent alors le rayonnement en cette terre de la Foi (au centre), escortée de la Science et de la Chevalerie. Au XVe siècle commencent à circuler au Parlement des listes interminables de *Privilegia Regni* ou *Privilegia Franciae* qui énumèrent les marques religieuses, historiques et juridiques de l'insigne supériorité du royaume.

En point d'orgue, invoquons le témoignage de Guillaume Postel, un des esprits les plus féconds de la Renaissance, orientaliste, polyglotte, linguiste, mathématicien, cosmographe, médecin, philosophe, théologien, kabbaliste chrétien, auteur d'une œuvre gigantesque et labyrinthique. Postel propose l'extension à tout l'univers d'un christianisme simplifié, réduit à une sagesse accessible aux Infidèles, une « religion naturelle » qui permettra de supprimer la pluralité des confessions. À l'intérieur de cet immense et messianique projet, ce qu'il développe du point de vue strictement politique est la nécessité de donner au monde entier « un seul prince [...] qui sera la meilleure image du Dieu unique d'où procède l'ordre du monde ». Cette mission ordonnatrice et politique revient à la monarchie française en raison des dons supérieurs du peuple « gallique », de son droit public (la loi salique qui garantit la transmission paisible du pouvoir souverain), de son histoire supérieurement chrétienne (exemples de Charlemagne, de Saint Louis) qui a valu à ses rois le titre incontesté de « *reges christianissimi* », et des grâces exceptionnelles que Dieu lui-même leur a octroyées, comme la sainte ampoule, le don de guérison, les fleurs de lys, Jeanne d'Arc. Postel exhorte aussi la monarchie française à exercer un pouvoir temporel aux attributs considérablement élargis, sorte de « césaropapisme ». Une fois son autorité instituée en Chrétienté, elle pourra y rallier les peuples étrangers. Alors se produira comme « le second avènement de Jésus-Christ », car tous ceux qui ne se soumettront pas à son nouveau « vicaire » devront être « occis et exterminés ».

L'œuvre politique de Postel conjugue religion dynastique, gallicanisme, impérialisme, cosmopolitisme et messianisme. Preuve que le monde qui s'ouvre devant les hommes de la Renaissance, un monde plus vaste, renforce l'idée médiévale du recours nécessaire à un pouvoir fort pour unifier les nations et les peuples, un pouvoir qui ne peut se trouver que dans la royauté française, bénie entre toutes.

Jusqu'au XVIIe siècle, la couronne de France restera intellectuellement nimbée du capital de supériorité historique et de destin constitué au temps des luttes de Philippe le Bel, sans que l'on puisse noter de fléchissement dans cette représentation, tout au contraire. Le patronage du grand Carolingien et le dogme de la royauté Très-chrétienne soutiendront les guerres d'Italie, justifieront la candidature de François Ier au trône impérial, accompagneront bien des aspects de la politique intérieure et extérieure des derniers Valois puis des trois premiers Bourbons. Augmentée d'une incessante production d'écrits prophétiques et millénaristes, une savante propagande entretient jusque sous Louis XIV la certitude que le Capétien est « le premier Roy de l'Univers », l'incontestabilité des droits de la maison de France sur la dignité impériale et même, en contradiction avec la politique réellement menée au Levant, le rêve d'une descente contre le Turc pour récupérer les lieux saints. L'ancienne France ne peut se passer de se voir et de se penser plus grande que les autres nations. Celle de la Révolution, celle de Napoléon, celle de De Gaulle ne le pourront non plus.

DOUZE LECTURES

Jules Michelet, *Le Moyen Âge. Histoire de France*, 1837.

Jean Favier, *Philippe le Bel*, Fayard, 1978.

Sophia Menache, « Philippe le Bel. Genèse d'une image », *Revue belge de philologie et d'histoire*, 1984, p. 689-702.

Danielle Gaborit-Chopin et François Avril (dir.), *1300... L'art au temps de Philippe le Bel*, École du Louvre, 2001.

Guillaume de Thieulloy, *Le Pape et le roi. Anagni*, Gallimard, coll. « Les journées qui ont fait la France », 2010.

Julien Théry, « Une hérésie d'État. Philippe le Bel, le procès des "perfides templiers" et la pontificalisation de la royauté française », *Médiévales* 60, printemps 2011, p. 157-186.

Sébastien Nadiras, *Guillaume de Nogaret en ses dossiers : méthodes de travail et de gouvernement d'un conseiller royal au début du* XIV*e* *siècle*, thèse de doctorat soutenue en 2012 à l'université Paris 1.

Antoine Meissonnier, « Théorie et pratique du pouvoir royal : l'exemple du procès entre l'évêque de Mende et le roi de France (1269-1307) », *Revue historique*, t. CCCXVII/2, p. 303-322.

Georges Minois, *Philippe le Bel*, Perrin, 2014.

Elisabeth Brown, « *Veritas* à la cour de Philippe le Bel de France : Pierre Dubois, Guillaume de Nogaret », dans Jean-Philippe Genet (dir.), *La Vérité. Vérité et crédibilité : construire la vérité dans le système de communication de l'Occident (XIIIe-XVIIe siècle)*, Éditions de la Sorbonne, 2015, p. 425-445.

Alain Demurger, « Le concile de Vienne et les Templiers », *Transversalités*, 2016/3 (nº 138), p. 131-153.

Pierre Dubois, *De la reconquête de la Terre sainte* (introduction par M. Saghi et A. Léonas, édition Ch.-V. Langlois), *De l'abrègement des guerres et procès du royaume des Francs* (introduction, édition et traduction de P.-A. Forcadet), Les Belles Lettres, 2019.

L'ESPRIT DE LA CITÉ

Volumes publiés

DENIS BARANGER : *Penser la loi. Essai sur le législateur des temps modernes.*

GUILLAUME BARRERA : *Les Lois du monde. Enquête sur le dessein politique de Montesquieu.*

GUILLAUME BARRERA : *La Guerre civile. Histoire Philosophie Politique.*

RÉMI BRAGUE : *La Loi de Dieu. Histoire philosophique d'une alliance.*

RÉMI BRAGUE : *Le Règne de l'homme. Genèse et échec du projet moderne.*

JEAN-FRANÇOIS CHANET : *Clemenceau. Dans le chaudron des passions républicaines.*

PHILIPPE FOREST : *Napoléon. La fin et le commencement.*

MARCEL GAUCHET : *Robespierre. L'homme qui nous divise le plus.*

CLAUDE GAUVARD : *Jeanne d'Arc. Héroïne diffamée et martyre.*

FRANÇOIS HARTOG : *Avenir, religion, nation. Sur les traces d'Ernest Renan.*

ARLETTE JOUANNA : *Le Pouvoir absolu. Naissance de l'imaginaire politique de la royauté.*

ARLETTE JOUANNA : *Le Prince absolu. Apogée et déclin de l'imaginaire monarchique.*

CHRISTIAN JOUHAUD : *Richelieu et l'écriture du pouvoir. Autour de la Journée des dupes.*

DENIS LACORNE : *De la religion en Amérique. Essai d'histoire politique.*

DENIS LACORNE : *Les frontières de la tolérance.*

JACQUES LE BRUN : *Le Pouvoir d'abdiquer. Essai sur la déchéance volontaire.*

PIERRE MANENT : *La Raison des nations. Réflexions sur la démocratie en Europe.*

MONA OZOUF : *Jules Ferry. La liberté et la tradition.*

ALAIN PONS : *Vie et mort des nations. Lecture de la* Science nouvelle *de Giambattista Vico.*

PHILIPPE RAYNAUD : *La Politesse des Lumières. Les lois, les mœurs, les manières.*

PHILIPPE RAYNAUD : *La Laïcité. Histoire d'une singularité française.*

FRANÇOIS SAINT-BONNET : *À l'épreuve du terrorisme. Les pouvoirs de l'État.*

JACQUES DE SAINT-VICTOR : *Un pouvoir invisible. Les mafias et la société démocratique (*XIXe-XXIe *siècles).*

JACQUES DE SAINT-VICTOR : *Blasphème. Brève histoire d'un « crime imaginaire ».*

GUILLAUME DE THIEULLOY : *Le Chevalier de l'absolu. Jacques Maritain entre mystique et politique.*

MICHEL WINOCK : *Décadence fin de siècle.*

MICHEL WINOCK : *Charles de Gaulle. Un rebelle habité par l'histoire.*

Composition : Soft Office
Achevé d'imprimer
par CPI Firmin-Didot
à Mesnil-sur-l'Estrée, en septembre 2022
Dépôt légal : septembre 2022
Numéro d'imprimeur : 171125

ISBN : 978-2-07-269657-2/Imprimé en France

308277